LE POUVOIR DES RÊVES

W.G. BARTON

LE POUVOIR
DES RÊVES
par l'analyse
des rêves

 Editions de Mortagne

Édition :
Les Éditions de Mortagne
250, boul. Industriel
Boucherville (Québec)
J4B 2X4

Traduction française :
I AM

Couverture :
Clic Communications

Distribution :
Tél. : (514) 641-2387

Tous droits réservés :
1971 Winnifred G. Barton
Les Éditions de Mortagne
Traduction française
© Copyrigth Ottawa 1989

Dépôt légal :
Bibliothèque nationale du Canada
Bibliothèque nationale du Québec
4e trimestre 1989

ISBN : 2-89074-122-2

1 2 3 4 5 - 89 - 93 92 91 90 89

TABLE DES MATIÈRES

PRÉFACE

Bienvenue dans la collection de l'homme nouveau ! J'ai tenu à venir personnellement vous accueillir, car je veux vous présenter aux membres de la Famille universelle ; c'est toujours un plaisir pour eux de rencontrer un nouveau visage, de reconnaître un nouvel esprit. Je me présente : je suis l'homme nouveau ; les pieds reposant fermement sur le sol et les yeux fixés sur les étoiles. Les bandes concentriques qui m'entourent soulignent mes multiples dimensions. Je ne suis ni du passé ni de l'avenir : mon symbole a traversé les âges et vous en avez aperçu quelquefois l'écho (dans le symbole de l'Année internationale de l'enfant par exemple). Je vis dans l'éternel présent et j'ai un secret à vous confier ; saviez-vous que vous possédez tout pour faire partie de la Famille universelle ? L'immortalité, la santé, le bonheur... tout cela se trouve à portée de votre main.

Ce n'est pas de la science-fiction ! L'accès au domaine spirituel vous est ouvert, il vous faut cependant réclamer ce droit de naissance. La collection de l'homme nouveau vous offre un condensé de toute l'expérience humaine, qu'il s'agisse de psychologie, de philosophie, de théologie ou de science. Sa conscience embrasse la totalité de cette pyramide à quatre faces et elle vous amènera à son sommet, là où toute la connaissance de l'Univers est disponible.

Ne vous méprenez pas, l'homme nouveau n'est pas un penseur idéaliste ou un ermite qui vit hors du monde... il marche sur Terre en ce moment et met son principe en action.

Devant vos yeux vont surgir des idées qui sembleront peut-être différentes au départ... Il vous faudra quelque temps parfois pour vous souvenir... Mais vous sentirez peu à peu qu'elles ont toujours été vôtres. Oui, voici votre chance de découvrir, pour vous-même, la réponse à vos questions les plus intimes.

Vous êtes attiré par les O.V.N.I.? Vous voulez vivre très vieux? En parfaite santé? Vous désirez éclaircir l'énigme de vos rêves? Connaître enfin la vérité au sujet de la vie après la vie, de la projection astrale, etc.? Ou tout simplement, tirer le maximum de votre expérience actuelle sur notre merveilleuse planète? Dans ce cas, cette collection s'adresse tout spécialement à vous. De l'autre côté de cette page, une nouvelle dimension vous attend, sa porte s'ouvre au plus profond de votre être... Je vais bientôt vous en confier la clé, car vous faites partie de la Famille. Le défi sera de ne plus jamais oublier que vous êtes, vous aussi, un homme nouveau. Bon voyage et à très bientôt!

Note au lecteur.

Afin de mieux saisir le sens de certains mots utilisés dans ce volume, veuillez consulter notre lexique à la fin de cet ouvrage.

INTRODUCTION

Aucun livre sur le sujet des rêves ne devrait être publié sans comporter un avertissement. Attention : l'analyse des rêves changera totalement votre point de vue sur la vie. Vos désirs les plus profonds n'émergeront pas sans dommage. Le pouvoir des rêves n'est pas une quête que doit entreprendre le timide. Soyez prêts à entreprendre une révolution mentale à la fois rapide et infinie. Soyez décidés à accomplir la tâche si vous osez commencer. Soyez certains que vous en sortirez un étranger, face à vous-même, face à vos amis comme à vos ennemis et que vous serez étonnés de vos propres découvertes.

Comme il était merveilleux, autrefois, de se rendre au théâtre et de se glisser telle une ombre dans la salle, les yeux éblouis par la scène illuminée. Pour le prix d'un billet, la dure réalité du monde quotidien disparaissait et l'on pouvait se baigner dans l'esprit du spectacle. On pouvait s'identifier aux personnages, partager leurs rires et leurs pleurs, s'unir à leurs chansons, qu'on occupât la plus belle loge ou le dernier siège au fond de la salle.

Avez-vous déjà songé à l'impact décisif qu'a le

théâtre sur les jeunes gens, que ce soit un music-hall bruyant ou une pièce des grands classiques ?

Assise à écrire, je puis me rappeler trois influences importantes dans ma propre vie, toutes reliées aux rêves, des rêves que d'autres ont eus. Permettez-moi de rêvasser un moment, afin de me remémorer ces souvenirs et de communiquer au lecteur l'esprit de ce livre.

Lorsque j'étais toute jeune, la « culture » était une partie essentielle de l'éducation de l'enfant, lui assurant un contact avec les arts. Vers l'âge de dix ou onze ans, les enfants faisaient une sortie de classe, dans le secteur ouest de Londres, afin d'aller apprécier un des plus grands rêveurs de tous les temps, William Shakespeare. Notre première pièce fut « *Comme il vous plaira* ».

« Ce monde entier est une scène
Et les hommes et les femmes ne sont que des comédiens
Qui font leur entrée et leur sortie ;
Et, au cours de sa vie, un homme joue plusieurs rôles... »
C'était toute une introduction à la métaphysique !

Peu de temps après, lors d'une excursion familiale, le rideau magique s'est levé, une fois de plus sur une scène bien différente. C'était les « *Vagabonds* » : la comédie musicale Flanagan et Allen.

L'homme du peuple, réchauffé par son verre de bière, pouvait aisément s'identifier à leur mélodie pathétique : des chansons qui parlaient de talents perdus et de tristes désillusions. Le secret de leur succès résidait dans cet aspect « populaire » de leur spectacle. Ils invitaient toujours l'auditoire à se joindre au refrain et celui-ci acquiesçait avec enthousiasme, chantant la nostalgie de leurs rêves perdus :

« Rêvant, rêvant tout simplement
Rêvant et machinant ce que j'aurais pu être.

J'aurais pu être cordonnier, ferblantier, soldat ou matelot
Mais je n'ai fait qu'échouer,
J'aurais pu être...
Mais j'oublierai ma peine,
Je me débrouillerai demain.
Si les peines de demain
Se mesurent à tout ce que j'ai vu.
J'aurais pu être très célèbre,
Mais tous sont pareils ;
Ils rêvent
De ce qu'ils auraient pu être. »

Riche ou pauvre, jeune ou vieux, chacun peut s'identifier au rêveur, puisque le sommeil est commun à tous les hommes. Chaque nuit, quand nous nous retirons à l'intérieur de notre scène personnelle, nous pouvons être certain que le rideau se lèvera et que le spectacle continuera. Pourquoi alors n'utiliserions-nous donc pas l'imagination à des fins pratiques ?

Puisque notre esprit est auteur, producteur, et metteur en scène, nous sommes certains de découvrir plusieurs facettes de notre personnalité, au centre de la scène. Mais que nous aimions ou non notre rôle pour ce spectacle-ci nous ne pouvons nous dérober. Le spectacle continue !

La troisième sorte de scène que j'ai connue dans mon enfance était la plus merveilleuse de toutes. Elle ne manquait pas alors et, aujourd'hui encore, de m'émouvoir profondément. En 1923, l'année de ma naissance, un jeune rêveur croyait que les rêves pouvaient se réaliser, que les animaux avaient des personnalités et même que les éléphants pouvaient voler. Son nom : Walt Disney ; son génie : unique. Et c'est peut-être dans sa chanson-thème qu'il l'a le mieux démontré :

Si tu fais un vœu à une étoile
Peu importe qui tu es.
Tout ce que ton cœur désire
Se réalisera
Si ton cœur est dans ton rêve
Aucune demande n'est trop extrême
Si tu fais un vœu à une étoile
Tes rêves se réaliseront
Le destin est bon. Il apporte à ceux qui aiment
La douce satisfaction de leurs désirs secrets.
Si ton cœur est dans ton rêve
Aucune demande n'est trop extrême
Si tu fais un vœu à une étoile
Tes rêves se réalisent

J'ai suivi son conseil et j'ai découvert qu'il avait bien raison. Ce livre vous fait la même promesse. Si votre cœur a faim de miracles, si vous avez autant de foi qu'un grain de sénevé, toutes les bonnes choses de la vie sont là, qui vous attendent. Par l'analyse des rêves, vous avez accès au pouvoir des rêves. Mettez-le à votre service dès ce soir.

CHAPITRE 1

L'AVENTURE PEUT DÉBUTER
CE SOIR

D'un point de vue strictement physique, l'observateur, afin de percevoir un objet, a besoin de trois choses : une source de lumière, un objet ou une scène illuminée par la lumière, un œil et un cerveau. Les rêves, pourtant, n'exigent aucune de ces choses et on voit bien qu'ils prennent naissance sur l'« écran mental », ou de l'« œil intérieur », ce mystérieux sens intérieur dont parlent continuellement les métaphysiciens.

Même les scientifiques s'accordent à dire que dans des conditions normales, la perception de la couleur n'existe que dans l'esprit de l'observateur. C'est ce que démontrent les rêves, car même les aveugles peuvent rêver en couleur. Nous savons tous que nous assistons, à l'état de rêve, à des événements qui n'ont rien de commun avec ce que nous observons à l'état de veille. L'esprit fournit le scénario, les personnages et un grand éventail de réactions émotives pour nous captiver avec sa diversité d'expression. Si le lendemain nous pouvions nous rappeler le scénario entier, quel aperçu étonnant nous aurions des secrets les plus intimes de notre identité, cette personne que nous sommes lorsque les rideaux sont fermés sur le monde extérieur.

Le sommeil n'est pas simplement un vague état d'inconscience. Les niveaux du sommeil varient considérablement (léger, moyen ou profond) et chaque phase remplit une fonction précise destinée à nous maintenir à notre maximum d'efficacité mentale.

Le dormeur a accès à un niveau de conscience très différent de celui de l'état de veille, à tel point qu'il semble y être une tout autre personne. C'est ce qu'illustre le signe de l'homme nouveau. Les métaphysiciens croient que nous ne sommes pas une, mais deux entités, dont la première formée de chair, dépend des cinq sens physiques pour recevoir son information ; l'autre est « esprit » et a accès au moyen d'un sixième sens, à une réalité bien distincte de celle qui nous parvient par les voies extérieures.

À l'état de sommeil, nous nous engageons dans une sorte d'existence bien différente. Notre personnalité entière semble se raffiner, comme si nous mettions de côté nos caractéristiques humaines pour permettre à des qualités plus nobles et à une clarté de perception accrue d'entrer en scène.

Veille et sommeil sont évidemment des termes relatifs. Certaines personnes ne sont jamais « éveillées », c'est-à-dire, de la façon dont l'entendait le Bouddha.

Tout le monde rêve

Un des premiers buts du jeune « psientifique » est d'apprendre à percevoir et à utiliser cette connaissance supérieure, acquise pendant le sommeil. Il a hâte d'entreprendre le voyage intérieur vers les régions psychiques et de découvrir ce qui se passe au plus profond de la conscience. Car c'est l'odyssée la plus intéressante et la plus enrichissante qui soit. On n'a pas besoin d'équipement complexe et il n'en coûte rien de plus qu'un effort sincère et une application constante. L'aventure peut débuter dès ce soir. Vous n'avez qu'à vérifier cette carte de route et vous mettre au lit dans un état d'esprit positif.

Personne ne semble savoir pourquoi le sommeil nous visite ainsi régulièrement ; c'est toujours un des plus grands mystères du monde. Mais nous rêvons tous, que nous en soyons conscients ou non. De très récentes études faites avec des enfants prématurés ont révélé que nous commençons à rêver même avant la naissance.

Au cours des dernières années, la science a pu éclairer plusieurs faits qui nous aident à comprendre la fonction du sommeil. Nous pouvons maintenant l'utiliser, non seulement pour nous reposer plus profondément, mais également pour apprendre et développer toutes sortes de possibilités latentes et de capacités extra-sensorielles.

Pendant une période de huit heures de sommeil, l'homme moyen rêve cinq à six fois. La durée des rêves peut varier de quelques secondes jusqu'à une douzaine de minutes et elle semble s'accroître à mesure que la nuit avance. On peut facilement reconnaître si quelqu'un rêve aux battements de ses paupières, car les yeux du rêveur vont et viennent, à mesure qu'il suit le déroulement des événements sur son écran mental. C'est ce que la science appelle REM (mouvements rapides des yeux).

D'après les recherches, si on réveille le rêveur dès la cessation des REM, il se souviendra très bien de son rêve. Les enquêteurs ont remarqué par contre que plus le laps de temps entre la cessation des REM et le réveil est grand, moins l'individu se souvient du rêve.

Au coucher, nous commençons à rêver presque immédiatement, surtout si nous manquons beaucoup de sommeil. Les peurs, les frustrations, les désirs inassouvis, l'activité gastrique, les bruits extérieurs jouent tous un rôle dans ces premiers rêves nocturnes. Même le métabolisme du corps réagit aux événements du rêve. Si par exemple, une personne se sent traquée, le rythme cardiaque s'accélère, la respiration devient plus difficile ; généralement, elle ne se sent pas très en forme, le lendemain. Quand le rêve est paisible et agréable, par contre, le sommeil apporte une profonde détente.

Par les rêves, l'homme maintient son équilibre mental. Au cours des rêves normaux, nous vivons les émotions refoulées et les traumatismes camouflés que notre identité se refuse à affronter à l'état de veille. Même si nous réussissons à les oublier pendant la journée, nous devons, dans les rêves, faire face aux situations plaisantes et déplaisantes qui nous affectent sur le plan émotif.

Pour reproduire la fonction mnémonique du cerveau humain, il faudrait construire un ordinateur possédant des milliards de circuits capables d'enregistrer un nombre infini de données. Lorsque nous sommes très jeunes, l'ordinateur que constitue notre cerveau est relativement vide et les fiches se remplissent rapidement. Le processus se ralentit graduellement, à mesure que nous vieillissons. Le psychologue le plus objectif est toujours stupéfait lorsqu'il se rend compte de la quantité incroyable de connaissances qu'un tout petit enfant doit assimiler afin d'apprendre à maîtriser l'équilibre, le langage et les activités motrices. Puis plus tard, quand l'ego commence à trier les informations [1], l'enfant apprend à sélectionner les données les plus utiles et à rejeter les moins importantes.

Définir la « vraie » personne

En ce qui concerne les rêves, les métaphysiciens ont une optique particulière. Tout d'abord, pour nous, le « psi », ou l'essence intime de la vie, est la « vraie » personne. Au moment de la conception, le psi est capturé par la matière et agit sur elle de façon à produire un véhicule qui convient à son voyage dans la dimension terrestre. Avant sa descente dans le monde matériel, le « psi » est comme une goutte étincelante d'énergie et de vie, une minuscule partie de la vaste mer d'énergie qui entoure notre planète. C'est un milieu plein de joie, mais le « psi » ne peut y participer totalement parce qu'il n'a pas de conscience personnelle, ou d'identité. Le but du voyage terrestre est de développer cette identité, cette conscience de soi. C'est une occasion joyeuse pour un petit psi; il aura sa propre demeure : une merveille mécanique aux composantes biochimiques, un ordinateur fabuleux, des murs étanches et des petites fenêtres lui montrant comment fonctionner dans la dimension terrestre.

L'identité fonctionne à titre de système d'input et output [2], une zone de conscience. Ses activités sont régies par le double aspect de l'être humain. D'abord, l'ego : l'ordinateur, ou l'esprit naturel; puis le psi : l'esprit spirituel. Le rôle de l'ego est d'assurer la survie et la satisfaction de l'organisme physique et, à cette fin, il doit évaluer ce qui plaira et déplaira à l'identité. Le psi, de

1. On dirait aussi l'input (voir lexique).
2. Voir lexique.

son côté, possède la connaissance de ce qui est bien ou mal d'un point de vue universel. Quelquefois, les deux composantes se trouvent en conflit et une des fonctions du rêve est de résoudre ces dilemmes.

Lorsque l'identité est jeune, l'ego manque de confiance. Il n'est donc pas très sélectif et ne filtre pas les données insignifiantes. Mais, à mesure que les notions de « plaisant » et de « déplaisant » se développent, l'ordinateur devient plus rigide dans son acceptation ou son rejet des faits. Un enfant par exemple, peut facilement apprendre deux ou trois langues, mais l'adulte aura beaucoup plus de difficulté à le faire.

Sigmund Freud, le psychologue viennois bien connu, développa la technique moderne de l'analyse des rêves. À l'âge de quatorze ans, Freud tenait un journal quotidien et un carnet de rêves très détaillé, qu'il a plus tard détruit. Après avoir observé des similitudes entre ses rêves et ceux de ses patients, Freud s'est lancé dans une étude plus approfondie des rêves. Puis, en 1897, il a entrepris sa propre psychanalyse. Son livre, *L'interprétation des rêves*, parut en 1900 et marqua le début d'une nouvelle ère dans le domaine de la médecine. Sa méthode mérite d'être retenue par l'étudiant sérieux de la science-psi. Il maintenait toujours une attitude objective, clinique, rigoureuse ; il révélait sans hésitation les faits les plus intimes de sa vie personnelle. Seule cette approche franche et directe peut donner des résultats dans l'analyse des rêves.

Tout comme le métaphysicien moderne, Freud voyait dans chaque rêve deux éléments distincts qui étaient en conflit. Les demandes de l'ego semblaient être des expressions légitimes de choses plaisantes et déplaisantes, tandis que le superego jouait le rôle d'un rabat-joie très puritain, imposant constamment des restrictions morales (non, non !) sur le contenu des rêves.

Freud écrivait : « Dans chaque être humain, il existe deux systèmes ou deux forces psychiques qui sont la cause première de la formation des rêves : l'une forme le désir exprimé par le rêve, tandis que l'autre exerce une censure sur le désir onirique, lui imposant donc une déformation. Chaque fois que l'assouvissement d'un désir est caché et non reconnaissable », déclarait-il, « il doit y avoir un sentiment de répulsion vis-à-vis du désir et, à cause de cette répulsion, le désir ne peut s'exprimer que de façon déformée. » Afin de montrer comment l'ego camoufle ses désirs, j'utilise souvent l'exemple du pauvre jeune homme qui épouse une jolie fille. Mais peu après le mariage, sa belle-mère vient vivre avec eux et sa présence domine rapidement le ménage. Le jeune homme est poli et serviable. Après quelque temps, il commence à se réveiller la nuit en pleurant. Il rêve que sa belle-mère est morte et étendue dans un cercueil entouré de fleurs. La voyant morte, il fond en larmes. Le rêve se répète plusieurs fois. Les larmes, évidemment, étaient tout simplement le déguisement que prenait l'ego pour enrober ce rêve et ce désir refoulé, sous un masque de moralité.

C'est cette composante morale qui transforme l'être humain en dieu. Aucune espèce animale sur cette planète n'est obligée de subir des conflits oniriques ou de déguiser ses instincts physiques. Mais c'est aussi la composante qui fait de nous tous des hypocrites. Lorsqu'elle n'est pas clairement comprise, il peut en résulter de sérieux problèmes névrotiques.

En métaphysique, nous aimons expliquer la réalité en employant la version platonicienne de l'univers. Platon entrevoyait au centre de l'univers une immense force qu'il appelait « l'Idée du Bien ». De ce Pouvoir omnipotent émane toute vie et toute énergie qui existent dans l'univers. Dans le livre *L'aura humaine*, nous expliquons cette réalité par la lumière et le magnétisme. Ici, nous la décrivons en tant que pensée, empathie, justice, vérité et sagesse, une sorte de pensée où « la loi et l'ordre » constituent l'échelon inférieur.

Afin de se traduire dans des réalités plus concrètes, l'Idée du Bien a dû inventer un artisan, la nature, dont la tâche était de prendre les idéaux de pensée abstraite et de jongler avec la matière pour les manifester concrètement. Si par exemple, l'Esprit omnipotent concevait une planète peuplée de milliers d'espèces animales et végétales, toutes interdépendantes et vivant en harmonie, le rôle de la nature serait de veiller à l'évolution de ce monde ; de créer l'ordre à partir du chaos. Entre le domaine des sens physiques et l'« Idée du Bien », il y a sept niveaux ascendants de pureté : un système de « feed-back »[3] ou des « rouages parmi d'autres rouages ».

La nature elle-même est comme une roue. Un pouvoir circulaire qui a un dehors et un dedans, autrement dit une vitrine où les produits finis sont étalés et une arrière-boutique où se déroule le processus même qui permet le fonctionnement harmonieux et continu de la terre.

La grande majorité des produits étalés dans la vitrine sont strictement « naturels », c'est-à-dire régis uniquement par la loi de la nature. Mais, il y existe une espèce animale qui possède à l'intérieur d'elle-même un psi ou une essence divine, ce qui la soustrait à une dépendance stricte à la loi de la nature et, par le fait même, la rend responsable envers une autorité supérieure, contrairement aux autres espèces.

---

3. Voir lexique.

Parce que le psi est conçu à l'image de «l'Idée du Bien», il possède le libre arbitre. Toutes les autres créatures de la nature sont régies par l'instinct naturel ; elles n'ont pas le choix d'être bonnes ou mauvaises. Seul l'homme a le pouvoir de comprendre le bien et le mal et de choisir entre les deux. Mais parce que les hommes sont «programmés» par leurs parents, par leur milieu ethnique, ils perdent quelquefois de vue les buts spirituels fondamentaux. Les rêves fournissent de petits rappels de cette loi spirituelle. Le métaphysicien s'empresse de suivre leurs suggestions.

Résoudre le conflit

En voici à peu près le déroulement. Une goutte de psi, tout étincelante et pleine d'enthousiasme pour l'odyssée d'identité qui l'attend, se lance dans l'aventure et se met à agir dès la conception. Dès lors, le psi reçoit les vibrations émotives de sa mère terrestre, à mesure qu'elle réagit aux stimuli extérieurs. Si c'est une bonne mère, elle équilibrera sa vie extérieure en portant, durant cette période, une plus grande attention à sa vie émotive intérieure. Nos grand-mères disaient avec raison que la femme enceinte devait écouter de la musique douce et reposante, maintenir un esprit calme et heureux et contempler les réalités éternelles.

Une fois né, le psi doit apprendre à se fier à ses propres récepteurs sensoriels et à son ordinateur pour poursuivre son éducation terrestre, tout en maintenant son droit de naissance, c'est-à-dire sa capacité de communiquer avec l'Esprit universel. En quittant le monde matériel, le psi emportera son identité : la somme totale de son expérience terrestre tandis que l'ordinateur, composante désormais inutile, retournera à la poussière.

Comme nous le soulignons dans notre cours de *Développement de la personnalité et de la psyché*, la croissance de l'identité est vitale, car, au moment du départ vers l'au-delà, ces deux composantes sont inextricablement imbriquées l'une dans l'autre.

En métaphysique, l'identité est cette capacité d'être conscient de soi, de son milieu et de sa relation avec autrui. C'est une patère sur laquelle le psi accroche, selon leur importance émotive, ses expériences de vie ; une valise dans laquelle le psi peut assembler tous ses trésors pour les emporter avec lui, lorsque cette phase de son éducation au jardin d'enfants terrestre est terminée. Au point de vue de l'aura, ces expériences s'inscrivent tout autour du filament du psi, déviant la lumière en un motif unique qu'aucune autre identité ne peut reproduire. Tous les psis commencent leur aventure sur un pied d'égalité, avec une capacité lumineuse d'un watt, par exemple. Cette puissance se développe par l'exercice, c'est-à-dire, le montant d'activités que le psi entreprend afin d'imprimer sa présence sur la personnalité de son instrument.

Puisque l'identité ne peut penser, elle traverse la vie automatiquement, recueillant des données du monde extérieur, qu'elle transmet fidèlement à l'ordinateur pour les faire enregistrer et analyser. En retour, elle agit conformément aux instructions que lui donne le subconscient analytique. Mais l'identité est également un véhicule de conscience pour le psi. Ainsi, lorsque celui-ci transmet un message, l'identité le reçoit et agit en conséquence. Cependant, à cause de cette dualité d'instructions, l'identité agit quelquefois de façon irrationnelle, du moins jusqu'au jour où la personne devient consciente de la vraie nature de son être.

Cette situation est encore compliquée par le système

des circuits du cerveau. Pour chaque action complétée, l'identité renvoie le message « action accomplie ». L'ordinateur enregistre ensuite cette donnée dans ses fiches mnémoniques, afin que l'action en question puisse être reproduite si elle fut un succès ou évitée si elle fut un échec. C'est par ce « feed-back » que l'ego remplit son fichier de données utiles.

Quand l'organisme est jeune, l'ordinateur, ayant peu d'expérience du monde, se fie beaucoup à la sagesse supérieure du psi pour diriger l'activité de l'enfant. Les petits enfants sont donc foncièrement honnêtes. Ils nomment les choses par leur nom et ne voient aucun mal à dire : « Grand-mère, que tu es grosse », si leurs yeux enregistrent cette donnée. Si l'enfant se voit rejeté plutôt qu'accepté, à cause de sa remarque, il apprend vite à cacher ses observations dans des mots qui plaisent davantage à l'interlocuteur et il enveloppe ainsi la « vérité » dans des phrases subtiles ou même dans des mensonges, s'il est ainsi programmé. Les rêves symboliques maintiennent ce processus. Ainsi selon Freud, l'homme sexuellement refoulé rêvera à des objets ronds qui représentent le sexe féminin, par exemple, la femme inhibée pourra rêver à des objets allongés et agressifs, symboles du sexe mâle.

La programmation sociale vient rapidement limiter la libre expression psychique, mais même ainsi, l'enfant-psi apporte beaucoup de bon cœur et de bonne volonté dans son intérieur. Il est prêt à participer à tout ce qui peut maintenir la paix dans la maison, tout en essayant d'inculquer au véhicule de l'identité ses idées supérieures. Mais l'ego enregistre continuellement toutes les réactions de l'identité aux suggestions du psi et il classe minutieusement ces connaissances dans son fichier mnémonique. Les gens semblent plus impressionnés si l'enfant a bon caractère, s'il est gai, obéissant et poli. L'ego note tout cela dans un système de renvoi marqué « comment attirer l'attention » et « comment parvenir à ses fins ». Le psi aime et il est bon ; l'ego, lui, imite, de sorte que, selon la réaction d'autrui, l'enfant devient bien ou mal programmé. L'ego n'a pas de conscience. S'il peut obtenir des résultats en faisant des caprices, il n'hésite pas à employer cette tactique. Son seul souci est d'obtenir le plus d'affection ou d'attention possible.

Il n'y a qu'un seul problème. Après un certain temps, l'ordinateur bien programmé commence à penser qu'il est bon, même s'il n'a pas la capacité d'être bon ou mauvais. Il est un produit de la nature, régi uniquement par la loi naturelle qui lui commande « d'assurer la survivance, la sensation et la procréation de l'orga-nisme », de la même façon qu'elle régit les autres espèces. Seul le psi est bon, étant sujet aux lois supérieures de l'Esprit. L'ego apprend simplement par le feed-back « plaisant » et « déplaisant » appliqué avec logique, selon une grande précision mécanique et un système de renvoi.

Pendant ce temps, l'identité poursuit sa vie, incons-ciente de toute cette complexité intérieure. Elle est confuse, parfois, lorsque le psi lui dit : « Quoique chaque être humain soit unique, tous sont égaux », et que l'ego, par la logique des données enregistrées répond : « Allons, cela n'a pas de sens. Il est évident que certains ont les yeux bleus, d'autres bruns, que certains sont plus fins, plus cultivés, mieux développés ». Mais l'identité n'a aucune façon d'identifier de quelle source lui vient le message. Et quelquefois, elle conclut : « Je sens que mes idées sont confuses ». De tels individus sont sujets à une ronde sempiternelle de rêves bizarres et complexes. Mais l'analyse des rêves peut réconcilier l'identité avec ses deux soutiens. Vivre dans un état d'harmonie intérieure, voilà le vrai paradis !

Car l'ego ressent le conflit et le psi, bien au courant de la situation, a hâte de remettre de l'ordre dans son ménage. L'ego toutefois n'abandonnera pas facilement son emprise sur l'identité et il garde cachés tous ses secrets afin de rehausser sa propre importance. La lecture d'un livre tel que celui-ci imprime certains faits nouveaux sur la conscience. Chacun réagira différemment. Pour certains, ce sera un rejet total. Pour d'autres, la dernière résistance et défense de l'ego sera de vociférer : « Crucifiez-le, crucifiez-le », ou ce peut être une explosion de joie lorsqu'on reconnaît ces vérités et que l'on sait qu'on les a toujours connues et que les mots n'ont fait que cristalliser les concepts, en imprimer les détails sur l'esprit conscient. En effet, ce n'est rien de nouveau. C'est tout simplement ce même merveilleux message que le psi essayait toujours de faire entrer par la porte arrière. Maintenant, l'Esprit frappe nettement à la porte d'entrée de la conscience.

Les rêves sont en quelque sorte la « méthode-par-la-porte-de-derrière », le psi ne cesse de frapper à coups redoublés sur l'erreur et il lutte, la vie durant, pour établir l'équilibre à l'intérieur de l'identité.

L'ego veut dominer. Le psi cherche l'harmonie, un partage égal avec ses propres sensibilités raffinées, afin d'échapper à l'agonie d'une motivation totalement égoïste. Le psi ne veut pas être frustré de l'épanouissement total de l'identité qui survient si l'ego lâche sa prise. C'est le message que peuvent vous apporter les rêves.

Mais hélas, si l'ordinateur a été programmé à croire que seuls les buts matériels comptent et s'il oblige l'identité à se diriger uniquement dans cette direction, la vie devient intolérable pour le petit psi qui tombe malade. Il n'y a pas de pire désastre pour l'identité malade. Les tranquillisants, les drogues et les somnifères en sont la cause principale. Ils détruisent les lignes de communication du psi en empêchant le fonctionnement normal des cellules nerveuses. Des recherches effectuées à l'université d'Ottawa ont démontré que les drogues répriment les rêves normaux dont le but est de restaurer la santé ; les drogues contribuent donc aux troubles mentaux. Pire encore, lorsque le drogué cesse de prendre ses pilules, toutes les angoisses mentales accumulées et refoulées font éruption, comme un volcan sous pression, et lui rendent la vie impossible. Selon cette enquête, on retrouve, parmi les drogues qui affectent le cerveau, la marijuana, le hashish, les tranquillisants, les somnifères et les nombreux barbituriques disponibles sur le marché.

Dans notre prochain chapitre sur les rêves « freudiens » ou normaux, nous approfondirons cet aspect de la question.

Le « mal-aise » du psi se répercutera dans l'organisme entier, car un sommeil reposant est le principal régulateur de la santé mentale et, par conséquent, de la santé physique de l'être.

Faites le voyage intérieur, découvrez le fonctionnement intime de votre subconscient. Permettez au psi de devenir le capitaine du bateau, l'ego formera l'équipage et l'identité bénéficiera totalement de sa croisière sur les eaux d'une vie bien remplie.

CHAPITRE 2

LES RÊVES NORMAUX

L'ego en service

Selon la programmation de base qu'il a reçue, chaque ego réagit différemment aux stimuli extérieurs. Prenons par exemple deux hommes emprisonnés. L'un passerait son temps à grincer des dents et à fixer les barreaux de sa cellule, tandis que l'autre élèverait son regard vers les étoiles.

Deux facteurs principaux gouvernent la réaction de l'ego :

1. Sa capacité d'exciter et de dramatiser en vue d'embellir sa propre image, quelquefois qualifiée de rêverie ou d'imagination créatrice, selon l'emploi qu'on en fait.

2. Son obstination froide, logique et matérialiste à ne s'en tenir qu'aux données superficielles des sens. Cet ego enveloppe ses émotions [1] dans des symboles complexes.

---

1. Voir lexique.

Entre ces deux extrêmes, il y a la gamme de toutes les réactions imaginables. Les gens rêvent de différentes façons, selon les exigences de leur ego. L'analyse des rêves révélera rapidement à quel point l'exagération de l'ego a une emprise sur l'identité. L'étude des rêves normaux ou « freudiens » peut être ia clé de ce mystère.

Lorsqu'une personne a son foyer d'attention braqué sur des buts matériels ou extérieurs et qu'elle a perdu la capacité de s'émerveiller devant la simplicité d'une fleur, l'identité commence à s'ennuyer. Alors l'ego, afin de lui rendre la vie plus animée, imagine mille et une façons de tromper la monotonie avec sa propre version de l'émerveillement, en minimisant ou en exagérant une situation.

Par exemple, une jeune fille a sa première menstruation et elle se sent un peu mal à l'aise. La mère lui accorde rapidement son attention ; elle délaisse son travail pour s'occuper de sa fille ; la douleur augmente. Par hasard, il y a un examen de maths à l'école ce jour-là ; le mal devient sérieux. La jeune fille s'alite et sa mère est aux petits soins pour elle. Toutefois, un groupe de rock est de passage le même soir. Son ami lui téléphone : il a pu obtenir deux billets pour le spectacle. Puis, la jeune fille se souvient de la nouvelle robe qu'elle n'a pas encore portée. L'ego recule, la douleur diminue et, à l'heure du souper, la jeune fille se sent en pleine forme, vigoureuse, prête à tout. Ce n'est pas dire qu'il n'y avait pas de douleur physique réelle, mais tout peut être minimisé ou exagéré, selon ce qui plaît ou déplaît à l'identité.

L'ego peut transformer un mari un peu bourru en une vraie brute ; une vieille détective de magasin en Matahari ; un adolescent boutonneux en jeune premier. Un léger reproche devient une déclaration de guerre ; un jeune homme craintif devient un grand athlète, un fervent de sports bedonnant se transforme en champion devant la télé.

Faites le jeu du téléphone. Essayez de transmettre un message via trois ou quatre interlocuteurs successifs et observez comment il est déformé au bout de la ligne. Voilà l'ego. En effet, il peut ouvrir la porte afin d'entendre ce qu'il veut ou la fermer pour éviter ce qui est moins agréable ou excitant.

C'est d'ailleurs la malédiction de la communication moderne. Le journaliste qui fait son reportage réussit à extraire tous les aspects sensationnels d'un événement en minimisant les données un peu plus banales, même si cela l'entraîne à sortir du sujet. Quelle importance, les journaux se vendront mieux.

Durant plusieurs années, je me suis intéressée à l'*Association des auteurs canadiens*. Un jour, nous avons eu comme invité M. Paul Friesen, auteur d'un roman historique sur les Indiens de l'Amérique du Nord. M. Friesen nous raconta, lors de sa causerie, qu'il avait soumis son manuscrit à un éditeur qui lui répondit que oui, c'était très bon, mais pas exactement ce qu'il voulait. Ah! par contre, s'il y avait un peu plus de sexe, un peu plus de sadisme, s'il pouvait le rendre un peu plus vivace, alors...! M. Friesen rejeta cette suggestion, mais modifia son roman pour en faire une histoire d'aventure; on lui dit alors que : « Oui, c'est une histoire épatante, mais s'il pouvait toutefois y ajouter plus de sensations fortes, un peu plus de suspens... ». Pour couper court à cette histoire, M. Friesen a réécrit son texte sept fois pour satisfaire les éditeurs et il a enfin produit un best-seller. Il souriait en nous montrant deux exemplaires du même livre. L'édition nord-américaine portait sur la couverture une illustration d'une jeune fille indienne presque nue sur le point de se faire violer. La version européenne affichait sur la couverture des symboles indiens historiques.

Dans notre société nord-américaine au rythme effréné, on cherche constamment à exagérer chaque produit ou situation, même au-delà de toute raison. C'est la vague de Madison Avenue (New York). On ne dit plus qu'un film est bon : il est « superbe, sensationnel, il vous fige le sang, il vous fait dresser les cheveux sur la tête, il est éblouissant ». On fait ces réclames extravagantes pour les automobiles, le sexe, la bière, les cosmétiques, à un point tel que c'en est devenu ridicule. Malheureusement, cela marche. L'ego le trouve irrésistible parce qu'on vend à l'identité, en même temps qu'un produit, une image d'elle-même qui aide à camoufler un manque de confiance intérieur.

Examinons le cas de l'avortement. Notez toute l'attention que le public porte à cette question, comme à celle des greffes du cœur, pour citer un autre exemple. Si on accordait autant d'importance et d'attention au simple contrôle des naissances, le besoin d'avortement serait pratiquement éliminé. Malheureusement, les manchettes de journaux prônant une approche sensible et mesurée n'excitent pas autant les émotions. On pourrait d'autre part éliminer les maladies du cœur en apportant un soin quotidien à nos façons de vivre, mais les détails moins sanglants d'un changement de vie n'excitent personne.

Vérifiez vos rêves, si vous doutez de ces faits.

Le manque de sécurité et de confiance en soi est la cause principale de l'exagération. L'ennui découle d'un excès d'attention porté aux choses matérielles et pourtant, on essaie encore de combattre la maladie du psi en essayant d'oublier les besoins profonds de l'identité dans des divertissements de plus en plus sensationnels.

Ceux qui réagissent outre mesure au moindre affront, au plus petit compliment, à chaque infime défi, rêveront furieusement, les couleurs seront vives, les détails horrifiants. Ils seront sujets à des cauchemars violents, tandis que l'ego poursuit chaque nuit sa mise en scène. « Identité, mon petit, si tu veux de l'excitation, on va t'en donner » ; ainsi parle l'ego. « Si tu adores la sensation, en voici une double ration. Si tu aimes voir des situations exagérées, je vais te transformer une larme en un torrent violent. C'est toi, le « patron », moi, c'est bien volontiers que je suis ton serviteur sélectif attentif. »

Même l'ego en bonne santé et bien équilibré a d'énormes pouvoirs créateurs ; il peut fabriquer plusieurs histoires à partir de la moindre donnée, ou il peut vous rassembler plusieurs éléments dans un seul récit.

Voici une histoire vraie qui illustre cette tendance de l'ego. Quand Anne était petite, le dimanche était un jour spécial. Anne vivait sur une ferme et les rencontres sociales étaient peu fréquentes. Mais chaque dimanche après-midi, tante Marguerite venait se promener dans sa vieille Ford. Elle portait toujours un chapeau de feutre vert et elle était parfumée d'eau de « Chanel ». Elle voyageait en compagnie de son beau caniche blanc et apportait toujours du chocolat à Anne. Tante Marguerite avait une voix très sonore, un accent marqué et elle était couverte de bijoux. Elle est morte quand Anne avait cinq ans.

Anne a maintenant grandi, vit en ville et ne se sent pas toujours sûre d'elle-même. Elle rêve souvent à sa tante dont elle se souvient à peine. Anne m'a demandé si cela signifiait que sa tante essayait de communiquer avec elle. Je lui ai répondu que c'était possible, mais que plus probablement, par le système de rappel de l'ego, Anne se faisait réconforter dans son sommeil par une situation qui lui offrait une plus grande sécurité. Ce mécanisme peut se déclencher très facilement si Anne rencontre, dans la rue, une dame qui porte un chapeau de feutre vert ou qui promène un caniche, ou encore si elle aperçoit certaines bagues, certains bijoux, ou si elle voit une marque particulière de chocolat. L'ego ira alors fouiller au fond de son fichier pour ajouter les détails qui manquent. Mais la fiche des bijoux peut comprendre diverses personnes qui figureront alors dans l'histoire, avec de nombreux liens qui leur sont particuliers. Les rêves normaux sont remplis de telles associations.

Mais poursuivons notre examen de l'exagération. Disons qu'un jour, Anne flatte un petit chien qui se met à japper et à grogner. Son ego s'emparera de l'incident et peu après, Anne pourra rêver qu'elle est poursuivie par un tigre féroce qui porte un chapeau de feutre vert ou qui conduit une vieille Ford !

Le cours de notre vie quotidienne est littéralement semé de milliers de petits incidents qui peuvent occasionner des rêves. Plus nous avons de peurs profondément cachées, plus nous nous sentons incertains et menacés par les situations, plus le contenu de nos rêves sera freudien. C'est pourquoi la personne qui est à l'aise dans la vie a moins besoin de sommeil que celle qui est mal à l'aise et c'est pourquoi ceux qui ont le sommeil léger sont généralement des individus bien équilibrés.

Les observations de Poetzl

Dans un grand nombre de « laboratoires de rêves » à travers le monde, on fait des recherches dans ce domaine, la plupart basées sur « les observations de Poetzl ».

Poetzl a remarqué que le contenu des rêves peut être lié à des choses que l'individu a vues durant la journée sans vraiment en prendre conscience. Ce concept a déjà été réalisé au cinéma dans des annonces subliminales. On projette sur l'écran l'image d'un certain produit, mais à une vitesse si grande que l'œil ne peut la voir consciemment. Plus tard, le public se sent inconsciemment obligé d'acheter la boisson suggérée par l'image.

Dans le *Journal of American Psychoanalytic Association* de juillet 1954 et encore dans l'*American Journal of Psychiatry* de mai 1960, le docteur Charles Fisher, psychanalyste à l'hôpital du Mont Sinaï à New York, a publié les résultats de ses recherches fondées sur les expériences de Poetzl.

Dans la première série de tests, employant comme sujets dix-huit patients et six médecins de l'hôpital, Fisher a projeté plusieurs fois sur un écran une seule diapositive, à une vitesse de $1/200^e$ de seconde par impression. Il a ensuite demandé aux sujets d'écrire ce qu'ils avaient vu et de noter leurs rêves, cette nuit-là. Les sujets n'ont pu consciemment identifier les mots inscrits sur la diapositive. Les mots étaient les suivants :

EXIT

246   MINK

STAR

Ce soir-là, un des médecins rêvait à huit accidents d'automobiles, ce qui pouvait être une continuation de la série 2-4-6. Le soir suivant, il eut un rêve à propos d'une guitare (guitar) ; il a pu prendre le 6 pour un G majuscule, prélever le « it » dans exit et le « tar » dans star pour former son association.

Fisher devenait souvent son propre sujet ; il s'arrangeait toutefois pour ne pas savoir d'avance quelle diapositive l'opérateur allait projeter. Il pouvait reconnaître une diapositive particulière, du moins certains aspects de sa configuration, lorsqu'elle lui était projetée ultérieurement, à une vitesse normale. Lorsque Fisher et les autres sujets faisaient des dessins de leurs rêves, c'était presque de l'écriture automatique. Le crayon semblait dessiner à son gré et les sujets avaient impulsivement tendance à ajouter ou à omettre certains éléments.

Freud affirmait que l'ego aime camoufler des désirs profonds dans de petites données quotidiennes afin de tromper le psi et lui faire croire que le rêve est sans conséquence. Fisher décida de vérifier cette affirmation. Il prit deux des symboles sexuels classiques notés par Freud, un vase décoré d'un svastika et un énorme serpent, et les projeta côte à côte, simultanément, sur l'écran. Dans certains cas, le vase et le svastika étaient tracés en gros traits et le serpent dessiné plus légèrement ; dans d'autres cas, le serpent était plus fortement souligné que le vase. Cela lui permit de voir si l'ego pouvait choisir ce qu'il voulait voir et bloquer ce qu'il ne voulait pas voir, indépendamment de l'impact visuel.

Il tenta cette expérience avec onze patients, deux femmes et neuf hommes. Il utilisa de nouveau la projection à 1/200e de seconde, jusqu'à ce que tous les sujets pussent reconnaître le dessin aux traits appuyés, mais non celui aux traits plus légers. À la suite de cette impression où le vase était plus fortement souligné, l'un des sujets, un homme un peu plus jeune que Fisher, décrivit un rêve qu'il fit :

« J'étais dans une chambre, dans un camp de concentration, où on installait des fils électriques pour pouvoir capter les conversations. Un homme à la tignasse rouge était assis sur une chaise. Son nom était Fisher. Ses bras courts étaient nus et liés à la chaise avec du ruban adhésif. Il ne semblait pas avoir peur. Je lui ai dit :

« Demain je démissionne de ce camp de concentration. Maintenant, je vais prendre mon fouet. » « Je fis quelques gestes menaçants à son égard ».

Le lendemain, le sujet dessina cette image dans laquelle il menaçait, avec un fouet, le « Fisher » du rêve (ce n'était pas, disait-il, le docteur Charles Fisher, mais un ancien ami).

Il observa que « le fouet était noir et fabriqué d'une matière vivante quelconque, comme de la corde de boyau ou de la peau de serpent ». Fisher conclut que le rêve exprimait le désir qu'avait le sujet d'échanger son rôle contre celui de l'expérimentateur, de jouer le rôle de l'agresseur plutôt que celui de l'exploité. Le rêveur s'est fabriqué force et pouvoir en se donnant de bons muscles, tandis que Fisher avait des bras courts et faibles qui pouvaient être retenus par du ruban adhésif.

En décrivant ces expériences, le Dr Fisher a précisé que lorsque le serpent ou le svastika n'étaient que légèrement projetés, ils semblaient éveiller des désirs plus profondément refoulés. Dans l'esprit du jeune homme, le serpent devenait un instrument de puissance masculine. Les dessins plus prononcés, comme le svastika qu'on associe immédiatement aux camps de concentration, éveillaient des niveaux de conscience moins profonds.

Il est intéressant de noter que, parmi les centaines d'articles que j'ai lus à ce sujet quand j'écrivais ce livre et que je cherchais un exemple technique, l'image du svastika fut la première à être proposée par ma mémoire. L'ego l'avait soigneusement classée, conscient de l'impact émotif très personnel que cet emblème de la deuxième guerre mondiale avait pour l'identité.

L'ego scientifique

Le second des facteurs indiqués au début de ce chapitre détermine ce qu'on peut appeler « l'ego scientifique ». C'est le genre d'ego impassible, ordonné, clinique et un peu rigide. Dans ce cas, l'identité a probablement été élevée dans un milieu où il était de mauvais goût d'exprimer ses émotions et ses sentiments. L'enfant a sans doute reçu un régime alimentaire équilibré et une bonne éducation scolaire. Ses besoins fondamentaux ont été satisfaits. Ce genre d'identité acquiert sa connaissance du monde par les livres plutôt que par l'interaction avec les gens. Elle maintient poliment une certaine distance avec les autres organismes. Elle respecte sa vie privée et celle des autres. Elle a rarement pleuré durant l'enfance et jamais à l'âge adulte. Elle ne se considère pas vraiment membre de la race humaine et ne fait certainement pas partie de la masse de ceux qui gaspillent d'énormes quantités d'énergie sur des bagatelles. En somme, elle se considère comme un organisme supérieur.

Si on peut dire du premier type d'ego qu'il est « fertile » en imagination, le deuxième type d'ego, entraîné à ne pas rêvasser, à ne pas donner libre cours à son imagination et à diriger son attention sur chaque détail logique, est comparativement stérile. Ce genre d'individu rêve en couleurs pâles et fades ; il se réveille suffisamment reposé, parce qu'il observe un code moral assez strict et que sa conscience n'est pas troublée outre mesure. Si l'homme n'était qu'une créature de chair, ce serait merveilleux. Mais en métaphysique, « le diable sait citer l'Évangile quand ça l'arrange. » Le psi toujours content de lui quelle que soit la programmation de son ordinateur, est un psi appauvri. D'une manière ou d'une autre, le psi, pour faire ressentir sa présence, doit trouver une faille dans la structure de l'ego suffisant. Donc, chez l'individu solidement établi (c'est-à-dire, établi dans la sécurité de sa profession, de son statut social, de son état civil, de ses convictions humanitaires, etc.), quoique les rêves freudiens n'aient pas à compenser autant les menaces imaginées, l'ego doit redoubler d'efforts pour déguiser les rêves émotifs qui traduisent les désirs les plus profonds de l'identité, afin de cacher à la conscience la présence du psi. Du point de vue métaphysique, ce genre d'individu est véritablement un « dur à cuire. »

Dans ce cas, le psi a affaire à un ordinateur très compétent, capable d'emmagasiner, pour son analyse, des quantités de données ; un ordinateur qui voit clairement ce qui manque à tout et à tous. Son foyer d'attention est toujours dirigé vers l'extérieur, la question de savoir pourquoi son organisme n'est ni heureux ni malheureux ne passe jamais par ses neurones. Cela ne fait pas partie de ses fonctions. L'identité n'a besoin que du plaisant et du déplaisant. Les sentiments librement exprimés, c'est pour la classe moyenne. Cette identité a bon aspect, l'air un peu pincé peut-être ; elle s'intéresse à la politique et aux affaires mondiales et déplore les crises monétaires. Ses pieds sont solidement plantés sur terre, ainsi que sa vision. On ne rêve pas aux étoiles, ici !

Remarquez, je vous prie, que nous avons affaire ici, du point de vue psychologique, à des cas extrêmes : le neurasthénique et le pragmatique. Mais, entre ces deux extrêmes se trouvent tous les individus normaux qui essaient d'exprimer leur pouvoir intérieur. « Les pieds sur terre, les yeux fixés sur les étoiles », c'est ainsi que nous comprenons l'équilibre parfait. Dans le premier groupe, nous avons ces personnes qui ne sont pas très productives, ou qui sont intéressées par les arts. Le deuxième groupe de citoyens rend d'énormes services à la société et nous ne voulons pas suggérer qu'un groupe soit supérieur ou inférieur à l'autre. La métaphysique a pour effet de modérer les schèmes de comportement extrêmes. (Je connais une telle personne équilibrée. C'est un vrai monsieur, avocat et ancien président de la Chambre des communes. Il est bien renseigné sur tous les aspects des affaires mondiales et financières et est totalement objectif et juste dans ses relations. Pourtant, c'est aussi un excellent artiste et un écrivain qui s'occupe de questions philosophiques sérieuses. Il maintient ainsi cet équilibre essentiel qui a suscité l'admiration de ses partisans ainsi que de ses adversaires politiques.)

Mais revenons à notre sujet. L'activité onirique du deuxième type d'ego crée des déguisements recherchés pour dissimuler les instincts animaux et développe un symbolisme complexe pour cacher au rêveur, qui ne soupçonne rien, sa véritable motivation. Alors qu'une personne moins inhibée peut rêver ouvertement qu'elle patauge dans des eaux d'égout, notre deuxième type de rêveur, plus inhibé, se verrait tout au plus marcher dans une eau un peu boueuse. Deux de nos étudiants, de jeunes hommes dynamiques, nous ont offert l'exemple de ces catégories. L'un rêvait à des orgies exotiques dans un harem, dans une île des mers du sud. L'autre passait ses rêves nocturnes à empiler de la vaisselle, dans un restaurant crasseux. Le premier, Chester, après avoir entrepris pendant deux ou trois semaines l'exercice numéro un de notre cours de *Développement de la personnalité et de la psyché* s'exprimait ainsi : « Docteur, je fais pitié, j'ai des millions de problèmes, assez pour me tenir occupé une vie entière, mais au moins, je sais par où commencer. »

Claude, lui, ne faisait que parler de la difficulté qu'il avait à noter quoi que ce soit : « Je n'ai rien à écrire, je ne pense à rien ». Au fond, il croyait qu'il n'avait aucun défaut de caractère et que c'était donc une perte de temps pour lui de s'examiner ainsi. Chester, évidemment, exagérait la chose, tandis que Claude hésitait à entreprendre le voyage intérieur.

Alpha-bêta-thêta-delta

Devant une si grande variété de circonstances, le lecteur peut comprendre qu'il est impossible de généraliser et de trouver la même signification à des rêves apparemment semblables. C'est pourquoi, dans nos cours, chaque étudiant doit faire sa propre analyse de rêves, n'utilisant les manuels que comme guides.

À mesure que l'identité se développe, il se construit un symbolisme personnel basé sur les événements qui ont sur elle un grand impact émotif. Au cours de la journée, les sens glanent une grande quantité d'informations et l'ego doit travailler avec acharnement pour trier et classer chaque donnée. Sa première tâche est de dresser une espèce de grille qui filtre les données inintéressantes pour lui. Mais occasionnellement, disons 20% du temps, l'ego se fatigue et il se produit alors une situation intéressante. Lorsqu'il rêvasse, des données non filtrées entrent inaperçues, dans l'ordinateur. Techniquement parlant, la pensée passe durant ces périodes d'un niveau de bêta au niveau alpha [2]. Le phénomène fut découvert par le Dr Hans Berger, à la suite de la première guerre mondiale.

Le docteur Berger, neurologue allemand, inventa l'électro-encéphalographie, procédé qui mesure l'oscillation du potentiel électrique des neurones encéphaliques. Le docteur Berger a découvert que plus l'activité mentale était rapide, plus son appareil enregistrait de cycles par

---

2. Voir le tableau des ondes, au chapitre 6.

seconde. Ces premières machines étaient assez imparfaites, particulièrement pour le sujet, puisqu'on lui plaçait des électrodes sous le cuir chevelu. Ces électrodes étaient réliées à un appareil qui enregistrait continuellement le tracé des diverses oscillations. Les appareils modernes fonctionnent de la même façon, sauf que les électrodes, reliées à un oscillographe, sont posées à l'aide d'une pâte sur le cuir chevelu. De fait, Berger a remarqué que si le patient était effrayé, l'ego cessait toute activité mentale et le système entier se mettait en « alerte » de danger. Il a fait cette découverte en faisant exploser un pétard à l'insu du sujet, lors d'une électro-encéphalographie.

Berger a commencé ses enquêtes en utilisant des sujets somnolents ou endormis et après de nombreux essais, il put observer que, dans cet état, l'activité cérébrale oscillait entre 7½ et 14 cycles par seconde. Il nomma ces ondes alpha. Lorsque le sujet était pleinement éveillé, le rythme était beaucoup moins paisible, oscillant jusqu'à 50 cycles par seconde, avec une moyenne de 40 cycles.

Il nomma bêta les ondes cérébrales émises à l'état d'éveil. L'homme d'affaires fonctionne, en général, à ce rythme durant la plus grande partie de la journée et consomme beaucoup plus d'énergie mentale que dans les cycles plus lents. On peut associer cette zone d'activité mentale à des niveaux de conscience extérieure : le fait de remplir des formules d'impôt, les mouvements brusques, l'anxiété, la tension, la concentration dans les études, l'assimilation de détails livresques, etc. Ce n'est pas un rythme doux, il ressemble plutôt à des rafales d'électricité statique souvent discordantes.

Lorsque l'esprit se trouve ralenti, dans un état de relaxation par exemple, les ondes alpha prennent alors le dessus. Elles dénotent une activité plus harmonieuse et plus synchronisée, un apaisement de l'esprit. L'état alpha peut être clairement enregistré par des électrodes placées derrière la tête. Cette espèce de pulsation (environ 10 cycles par seconde) se manifeste au cours de ces états d'esprit qu'on associe à la création artistique, aux rêves, à la tranquillité, à l'inspiration, à la méditation, à la guérison accélérée et au pouvoir de la mémoire à un niveau conceptuel. La grille sélective de l'ego est alors contournée et il y a une absence notable de perception des détails de temps et d'espace. C'est un état d'esprit bien différent de la zone bêta où l'écoulement du temps est très perceptible.

Le rythme thêta (une oscillation de 4 à 7½ cycles par seconde) marque un autre ralentissement ou apaisement de l'esprit. Il reflète un approfondissement des états de conscience et potentiellement, une capacité encore plus grande de connaissances conceptuelles.

Le rythme delta (½ à 4 cycles par seconde) est atteint dans le sommeil profond, ou dans l'inconscience totale, lors d'une intervention chirurgicale, par exemple. L'électro-encéphalographie indique clairement que le cerveau éveillé fonctionne rarement à une seule fréquence. Quelquefois, l'hémisphère gauche émet des ondes alpha, tandis que l'hémisphère droit est en bêta. Puis, le processus peut être inversé. Mais chez l'homme d'affaires moyen, la zone bêta semble prédominer pendant 80% de la journée. Ce genre de personne, pourtant, ne réussit pas spécialement dans le monde des affaires. Au contraire, des enquêtes très poussées ont démontré que la personne intuitive qui se fie davantage à ses pressentiments qu'aux données de l'ordinateur réussit le mieux dans son domaine, quel qu'il soit. Le livre *L'homme nouveau, par la métaphysique appliquée* explique ce phénomène en détail. Dans ce contexte-ci, toutefois, et en ce qui concerne les rêves, on peut classer de tels individus dans le groupe un ou le groupe deux déjà vus.

Par la méditation, n'importe qui peut provoquer à volonté les états alpha-thêta, en pratiquant consciemment le contrôle de sa pensée ainsi que certaines autres techniques. C'est une partie essentielle du développement métaphysique.

Un à-côté intéressant, c'est que l'esprit a la capacité d'enregistrer des données dans un état d'inconscience totale. Il semblerait que, dans ces circonstances, les sens fonctionnent et enregistrent, même si l'ordinateur est inactif. À cet égard, citons l'exemple classique d'une dame légèrement obèse qui devait subir une chirurgie abdominale. Pendant qu'elle était inconsciente sur la table d'opération, le chirurgien a fait une remarque désagréable au sujet de son excès de graisse. Lorsque la dame reprit conscience, elle avait une aversion très forte pour le médecin, sans savoir pourquoi. Plus tard, sous hypnose, elle a pu révéler la nature exacte de la remarque qui avait causé son antipathie.

Dans l'*Ottawa Journal* du 20 janvier 1972, le docteur Frédérick Hanley, psychiatre de Vancouver, corroborait ces faits : « Lorsque je suivais des cours d'hypnose à San Francisco, plusieurs membres de la classe qui avaient, par le passé, subi des interventions chirurgicales furent hypnotisés et on leur a demandé de se rappeler leur expérience dans la salle d'opération. Plus tard, on a pu contacter leurs médecins et vérifier que les commentaires rapportés étaient exacts ».

Le Dr Hanley a précisé qu'il n'est pas nécessaire que les commentaires soient de nature désagréable et que des commentaires favorables peuvent même se révéler ultérieurement bénéfiques pour le patient : « Cette information indique qu'il est important pour tous ceux qui travaillent auprès des malades, sous anesthésie générale, de conserver une attitude calme et rassurante. De fait, il semble que certains commentaires optimistes, faits par le chirurgien au cours de l'opération, peuvent favoriser concrètement la convalescence du patient. »

Le travail de nuit

Lorsque nous nous couchons le soir, notre cerveau se détend. Les récepteurs sensoriels se relaxent et on peut imaginer que l'ego fait les cent pas dans la salle de l'ordinateur en se demandant comment il peut bien mettre de l'ordre dans tout ce fouillis. Durant la journée, les données sensorielles n'ont pas cessé d'entrer. Si la journée a été routinière, assez banale, l'information se présente clairement en symboles bien définis (ronds, triangulaires et carrés, par exemple) et s'intègre facilement au mode de pensée logique de l'ordinateur.

Mais les nouvelles idées, les nouveaux éléments d'information ne se classent pas si facilement. Ils ont toutes sortes de formes étranges. Au cours de la journée, l'ego est trop occupé par les données normales pour accorder son attention à ces bizarreries et il les range temporairement dans un panier marqué « à vérifier ». La nuit, ce serviteur infatigable doit repêcher dans le panier toutes ces pièces bizarres et les manipuler de façon à pouvoir les intégrer convenablement à sa structure logique. Si l'ego n'a pas la moindre information préalable sur un sujet donné et s'il a été formé de façon stricte, il aura tendance à se débarrasser des morceaux vraiment étranges en les repoussant au fond du panier. Un homme pragmatique, par exemple, entend à la radio une dame qui parle de fantômes. Se disant que cette dame manque totalement de bon sens, l'ego réagit hostilement à cette idée menaçante. Mais la nuit, retrouvant cette donnée, il se sentira obligé de l'examiner avec plus de soin afin de voir s'il n'a pas déjà accumulé quelque information préalable à ce sujet. De très loin, remonte un souvenir, lorsque l'identité était encore bébé, son grand-père, un marin avait dit avoir vu un spectre et l'information fut fidèlement classée dans l'ordinateur. Toutefois, s'il n'y a pas déjà la moindre association préalable, l'ego hésite à classer cette donnée puisqu'elle est contraire aux 18 967 autres éléments d'information fournis par une éducation formelle qui nie les manifestations surnaturelles.

Ainsi, morceau par morceau, les données bizarres sont manipulées, déformées et compressées. Ici, elles sont un peu tronquées. Là, on leur en ajoute. Il est bien difficile d'essayer de faire un cercle d'un trèfle ! Certains des morceaux représentent notre réaction face à la tension. Le patron ne m'a pas parlé ce matin... l'ego anxieux s'énerve. Les baisers de notre petite amie n'étaient pas aussi ardents... on s'inquiète encore, on se sent menacé. Une traite doit être réglée demain et en plus, la voiture a besoin d'un nouveau pare-chocs et on n'a pas les moyens...

« D'accord, IDentité, mon IDole, si ces choses te dérangent, on va te poignarder le patron dans le dos, on va te trouver de belles filles en maillot de bain, te poser un nouveau pare-feu dans ton cottage et ton créancier, on va le pendre à un cocotier (n'avais-tu pas sucé un bonbon au chocolat et à la noix de coco, avec un cocotier dessiné sur l'emballage à la pause-café ?). D'ici le matin, on va te diminuer tes frustrations et on va recommencer nuit après nuit, jusqu'à ce que tu te retrouves d'aplomb. »

Après deux ou trois rêves de la sorte, si le panier n'est pas plein à craquer, l'ego fait un petit somme et les cycles cérébraux ralentissent pendant une courte période de sommeil profond, au cours duquel l'organisme entier est régénéré. Puis, l'ego se réveille de nouveau et reprend sa production nocturne.

Si, toutefois, l'individu est assez souple, la deuxième partie de la nuit peut lui apporter des rêves psychiques, car l'ego peut se reposer, voyant que l'équilibre mental de cet instrument qu'est la personnalité n'est pas constamment menacé ou tendu. Plus le pendule des réactions face aux pressions extérieures oscille fortement, plus l'ego doit travailler avec acharnement pour garder l'équilibre. Si la personne est constamment inquiète, l'ego doit travailler davantage au cours des rêves normaux qu'il le ferait si l'individu était sûr de lui-même. Lorsque l'ego doit aller très loin chercher une fiche de référence ou de renvoi pour justifier les réactions de l'identité, il se produit un sommeil plus profond que d'ordinaire et la personne a besoin d'une plus grande période de sommeil pour maintenir son équilibre mental.

Le psi « complique » les problèmes de l'ego en imprimant sur le contenu des rêves sa propre connaissance du bien et du mal et, afin de maintenir l'équilibre, l'ego doit envelopper ses « cadeaux », rassurants pour l'identité, d'une façon qui apaisera le psi. C'était le cas du jeune homme qui assouvissait une frustration profonde en rêvant que sa belle-mère était morte, mais qui s'éveillait en pleurant.

Très peu de gens sont conscients de leur véritable motivation intérieure et du degré d'influence que le « plaisant » et le « déplaisant » exercent sur leurs attitudes. Faisons lire, par exemple, le même journal à diverses personnes de conditions et de milieux différents. Une jeune fille remarquera peut-être les annonces de parfumerie et de mode, le concert donné par un nouveau groupe rock ; un citoyen plus âgé sera très intéressé par l'augmentation de la pension de vieillesse ; une personne d'origine allemande sélectionnera inévitablement les articles se rapportant à l'Allemagne, tandis qu'un Anglais retiendra davantage ce qui concerne les Îles Britanniques ; une mère de famille vérifiera le prix du bifteck ; le père lira les pages de sport, etc.

Évidemment, l'ego masculin accorde une grande attention aux femmes, tandis que de son côté, l'ego de la femme retient une quantité incroyable de détails relatifs à l'homme, surtout au cours des années où la nature amorce son tendre piège pour assurer la propagation de l'espèce. Les annonces modernes conçues pour plaire à l'ego poussent le consommateur à outrepasser, dans ses désirs, les frontières de la sagesse, du bien et du mal. Ce n'est pas : « Puis-je payer une nouvelle voiture ? », mais : « L'image que j'ai de moi-même adore ce sentiment de puissance que représente une nouvelle voiture. »

L'ego emmagasine les données selon le degré de satisfaction qu'elles peuvent procurer. L'identité peut être comparée à une valise à trois compartiments marqués « survivance », « sensation » et « sexe ». L'ego, son serviteur sélectif, s'efforce constamment de la bourrer de richesses, basant son choix sur l'attrait qu'elles ont sous ces trois rubriques. Il accorde la priorité aux choses qui plaisent à l'identité, en poussant dans les recoins sombres les éléments les moins agréables, après les avoir déformés pour qu'ils s'adaptent au reste de la programmation.

Connaissez-vous cette histoire délicieuse et humoristique ? Un missionnaire qui s'était rendu à Tahiti, observa avec horreur que les indigènes gambadaient tout nus et forniquaient de-ci de-là, sans aucun égard pour la morale de l'Église. Après plusieurs années de dur labeur, il quitta l'île, satisfait de son travail, car tous étaient désormais vêtus sobrement et restreignaient convenablement leur recherche du plaisir. C'est un excellent exemple de la façon par laquelle l'ego impose son propre concept de la vertu sur autrui, ce qui lui apporte beaucoup de satisfaction personnelle. Qu'un sentiment d'envie ait pu frémir dans le cœur de cet homme et qu'il lui ait été présenté comme un dégoût dans le but de convenir à sa programmation, n'a pas effleuré sa conscience superficielle.

Le but premier du métaphysicien débutant est justement de venir à bout de cette domination cachée du subconscient et il apprend comment faire pour choisir des rêves appropriés que nous appelons rêves rétrogressifs.

CHAPITRE 3

LES RÊVES RÉTROGRESSIFS

Satisfaire ses désirs

C'est par rétroaction que nous avons la capacité d'apprendre et de grandir. Il est impossible de progresser si nous ne savons pas ce que nous devons apprendre.

Les rêves rétrogressifs nous offrent un moyen d'obtenir des informations du subconscient par feed-back [1].

Dans ce chapitre, nous nous référerons souvent à deux termes bien précis : la conscience et la perception consciente. Ils ont des sens différents que nous allons clarifier tout de suite.

Imaginons le psi comme un rayon de lumière et l'identité (ID) ou conscience [2] comme un miroir qui la reflète. Cette lumière est déviée par la programmation de

---

1. Voir lexique.
2. Aussi appelée « le conscient », « l'esprit conscient », par l'auteur dans le premier livre de cette série.

l'ordinateur cérébral ou l'ego. La pureté de son expression originelle est ainsi déformée. Supposons maintenant que le miroir comporte trois évidements à surface magnétique, qui représenteraient les instincts physiques de base, essentiels au développement dans la dimension terrestre, que sont les besoins instinctifs de survivance, de sensation et de sexe. Ces trois évidements sont les buts que l'ego doit remplir; lorsqu'ils le sont de manière satisfaisante, par l'expérience vécue, leur attraction magnétique diminue, laissant le psi libre de diriger l'identité. Le psi sait que ces besoins naturels doivent être satisfaits avant qu'il puisse exercer la moindre pression pour ramener l'attention sur des objectifs plus élevés.

Pendant le processus de maturation de l'organisme, le psi se montre donc relativement docile, permettant à la perception consciente de diriger son foyer d'attention vers la satisfaction personnelle ou les diverses exigences égocentriques. C'est d'ailleurs ce qu'enseigne la philosophie du yoga, qui montre une attitude très tolérante pendant la première partie de la vie, permettant au jeune Hindou de rechercher d'abord ses plaisirs personnels et de satisfaire ses besoins de créativité et d'acquisition de biens terrestres, avant de lui demander de s'unir à l'Esprit.

Au cours de ces deux premières étapes, le miroir de la conscience est tourné vers les délices matérielles naturelles et s'y éveille. La perception consciente se rapporte donc aux mécanismes de concentration et d'orientation de la conscience. Au tout début, l'ego, avec l'accord du psi, est responsable de cette phase. À la maturité, cette tâche devrait être transférée de l'ego au psi.

L'ego luttera et s'efforcera de maintenir la perception consciente orientée vers des données et des buts extérieurs. Le psi, lui, essaiera de promouvoir l'examen intérieur, des buts plus élevés et une appréciation plus conceptuelle de l'ensemble de la réalité.

Nous enseignons, en ce qui concerne les évidements magnétiques du miroir de l'identité, qu'une personne peut avoir une identité « maigre » ou une identité « bien en chair » et que ces deux états doivent nécessairement être équilibrés par un ego « bien en chair » ou un ego « maigre ». C'est dire que la personne qui est dépourvue de véritables expériences de vie tend à fabuler et se fabrique diverses aventures et épisodes pour cacher son insécurité dans certains domaines, par exemple, l'adolescent qui dévore la littérature érotique qu'il substitue à une activité concrète ; le peureux qui s'empare d'un avion pour satisfaire son besoin d'agressivité et terrorise les gens pour montrer sa puissance.

Certains besoins psychologiques qui existent chez tous les hommes doivent être satisfaits pour que les évidements du miroir de l'identité puissent être remplis et qu'une surface réfléchissante lisse puisse servir les plus grands objectifs du psi. Ce sont les besoins d'affection et de créativité qui, une fois comblés, laissent la voie libre pour que la personnalité mûre cherche à s'élever vers le but ultime, la quête d'un vrai sens à la vie, la recherche de la vérité et la réponse au mystère de l'existence.

Inconscient de tout cela, le jeune amoureux chantonne : « Ah ! doux mystère de la vie, voilà que je t'ai trouvé », alors qu'il n'a fait que gravir le premier échelon. Pour Tolstoï, ce grand génie littéraire, la créativité a donné un sens à sa vie, après que ses besoins d'affection aient été comblés. Il put alors écrire :

« J'ai senti que quelque chose sur quoi ma vie entière reposait avait cassé en moi, qu'il ne me restait plus rien à quoi m'agripper et que moralement, ma vie s'était arrêtée. Une force invincible me poussait à me défaire de mon existence, d'une façon ou d'une autre. Je ne puis dire que je désirais me tuer, car la force qui m'attirait hors de la vie était plus pleine, plus puissante et plus englobante qu'un simple désir. C'était une force qui ressemblait à mon ancienne aspiration à la vie, mais qui me poussait dans la direction opposée. Tout mon être aspirait à quitter la vie.

« Regardez-moi, un homme heureux et en bonne santé, qui cache la corde pour ne pas être tenté de me pendre aux poutres de la chambre où, chaque nuit, je couchais seul ; regardez-moi qui refuse d'aller à la chasse, de peur de m'abandonner à cette tentation si facile qui mettrait fin à mes jours.

« Je ne savais plus ce que je voulais. J'avais peur de la vie ; tout me poussait à la quitter et, malgré tout, j'attendais encore quelque chose d'elle.

« Ceci se passait à un moment où, en ce qui concerne les circonstances extérieures, j'aurais dû être totalement heureux. J'avais une épouse fidèle qui m'aimait et que j'aimais, des enfants adorables, une vaste propriété qui s'accroissait sans que je me donne la moindre peine. Ma parenté et mes amis me respectaient plus que jamais, les étrangers me louaient et, sans exagération, je pouvais dire que j'étais connu. De plus, je n'étais ni fou ni malade. Au contraire, j'avais une force physique et mentale rare chez une personne de mon âge. Je pouvais faire les vendanges aussi bien que les paysans ; je travaillais cérébralement huit heures de suite sans malaise.

« Malgré cela, je ne pouvais trouver *le moindre sens raisonnable* aux actions de ma vie et je me voyais surpris de ne pas l'avoir compris dès le début.

« Mon état d'esprit était tel que je sentais qu'on me

jouait un tour stupide et malicieux : il n'est possible de vivre que lorsqu'on se sent intoxiqué, ivre de la vie ; mais une fois sobre, on ne peut s'empêcher de voir que tout n'est qu'une stupide tricherie. Ce qui est vrai dans tout cela, c'est qu'il n'y a rien de drôle ou de ridicule ; c'est purement et simplement cruel, stupide.

« La fable orientale qui raconte l'aventure d'un voyageur surpris dans le désert par une bête féroce est très ancienne.

« Pour s'échapper de cet animal féroce, le voyageur saute dans un puits asséché ; mais au fond du puits, il aperçoit un dragon qui l'attend, gueule ouverte, prêt à le dévorer. Et le malheureux, n'osant pas sortir, de crainte d'être dévoré par la bête féroce, s'agrippe aux branches d'un arbuste qui a poussé dans les fentes du puits. Ses mains faiblissent à la longue et il sent qu'il doit bientôt s'abandonner à son destin inéluctable ; mais il tient bon et voilà qu'il voit deux rats, un blanc et un noir, qui tournent autour de l'arbuste auquel il s'agrippe et en rongent les racines.

« Le voyageur peut voir tout cela et il sait qu'il doit inévitablement périr ; mais se tenant agrippé ainsi, il regarde autour de lui et découvre quelques gouttes de miel sur une des feuilles de l'arbuste. Il peut les atteindre et les lèche avec délices.

« Ainsi, je m'agrippe à l'arbuste de la vie, sachant que le dragon de la mort m'attend inévitablement pour me déchirer, mais ne pouvant comprendre pourquoi on me martyrise ainsi. J'essaie de goûter le miel qui jadis me consolait, mais le miel ne me plaît plus et, nuit et jour, le rat noir et le rat blanc rongent la branche à laquelle je m'agrippe. Je ne peux voir qu'une chose : l'inévitable dragon et les deux rats dont je ne puis détourner mon regard.

« Ce n'est pas une histoire que je vous raconte, mais une vérité littérale et incontestable, que tous les hommes peuvent comprendre. Quel sera le résultat de mes actions aujourd'hui ? De celles de demain ? Quel sera le résultat de ma vie entière ? Pourquoi vivre ? Pourquoi faire quoi que ce soit ? Y aurait-il un but à la vie que l'inévitable dragon qui m'attend ne peut détruire ni défaire ?

« Ces questions sont les plus simples au monde. De l'enfant le plus bête au vieillard le plus sage, elles sont au cœur de chaque être humain. Sans une réponse à ces questions, il est impossible, comme je l'ai découvert, de continuer à vivre.

« Mais me disais-je souvent, peut-être y a-t-il quelque chose que je n'ai pas saisi ou compris. Il est impossible que cette condition de désespoir soit naturelle à l'humanité. Alors, j'ai cherché à trouver l'explication dans toutes les voies de la connaissance acquise par l'homme.

« J'ai questionné douloureusement, longuement et sans vague curiosité. J'ai cherché, sans indolence, mais laborieusement et avec obstination pendant des jours et des nuits. J'ai cherché comme un homme perdu qui cherche à se sauver et je n'ai rien trouvé. J'étais également convaincu que tous ceux qui, avant moi, avaient cherché une réponse dans les *sciences* n'avaient, eux non plus, rien trouvé. Et non seulement ils n'avaient rien trouvé, mais ils avaient reconnu que cette chose même qui me conduisait au désespoir, l'absurdité insensée de la vie, était la seule connaissance certaine accessible à l'homme.

« Toutefois, pendant que mon intellect travaillait, quelque chose d'autre vibrait en moi et me gardait en vie, une espèce de conscience de la vie, comme une force qui obligeait mon esprit à se fixer dans une autre direction et m'attirait hors de cet état de désespoir... Tout au cours de cette année, alors que je ne cessais de me demander comment terminer cette affaire, par la corde ou par la carabine, tout ce temps, alors que j'observais et que je pensais, mon cœur languissait d'un autre sentiment bouleversant. Je ne peux le définir autrement que comme une soif de Dieu. Ce désir de Dieu n'était aucunement lié aux mouvements de mes idées. De fait, il était à l'opposé de ce mouvement ; il venait du cœur. C'était un sentiment de terreur qui me faisait sentir comme un orphelin isolé au milieu de ces choses qui m'étaient étrangères. Et ce sentiment de terreur était mitigé par l'espoir de découvrir le secours de quelqu'un. »

Une identité forte, c'est le secret. Le psi ne peut exercer de pression sur un être qui a un sentiment d'insécurité, de peur que le véhicule de l'identité ne s'effondre. Ainsi, plus l'identité est solide (comme dans le cas de Tolstoï), plus la pression peut être forte. La métaphysique avancée n'est pas une échappatoire pour les craintifs. Quoique l'effet premier de la métaphysique soit d'encourager et de renforcer la structure fragile de l'identité, un plus grand nombre d'ego bien en chair que d'identités bien en chair sont attirés par le sujet. L'ego bien en chair est beaucoup plus flexible, car dans ses profondeurs, il est conscient de ses propres faiblesses. Mais l'identité bien en chair est comme un roc ; presque impénétrable. Elle est confortable dans le monde matériel et préfère généralement établir son royaume sur terre que de chercher le royaume des cieux !

Pour expliquer simplement ce concept, utilisons l'exemple de Paul et de Jean qui, par le hasard de leur milieu, héritèrent l'un d'une identité maigre et l'autre d'une identité bien en chair.

On peut dire que Jean est tombé sur une mine d'or.

Ses parents désiraient avoir un enfant depuis si long-temps qu'ils se réjouirent à la naissance de leur fils. Puisque sa maman était heureuse et paisible en l'allaitant, le petit Jean était également heureux et paisible. Son papa lui accordait beaucoup d'attention et de nombreux oncles et tantes se sont réjouis de ses premiers pas chancelants.

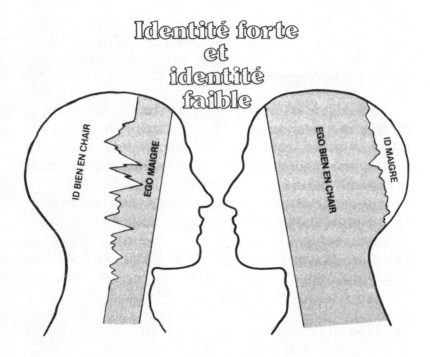

Identité forte et identité faible

Quand vint le temps d'aller à l'école, Jean était toujours propre et bien mis et cela impressionnait favorablement son professeur. Il rapportait de petits dessins à la maison et sa maman s'exclamait d'admiration et les épinglait sur le mur de la cuisine pour que papa puisse les regarder au retour du travail.

Jean était un beau petit bonhomme et il a passé ses premières années à l'école avec confiance et un sens croissant de sa propre valeur. Les filles l'adoraient, surtout lorsqu'il se promenait dans la belle voiture sport payée avec ses propres économies, après que son père lui eût expliqué la valeur morale du travail. Il a très bien réussi au collège, où il s'entendait avec ses professeurs. Il a eu un bon emploi, une belle demeure, une famille, etc.

Il est difficile de dire pour quelle raison il s'est lié d'amitié avec Paul. Les deux adolescents s'étaient rencontrés au collège, lorsque Jean avait brièvement fait l'expérience de la marijuana.

Paul était du même âge que Jean, le cinquième enfant d'une famille de huit. Sa pauvre mère, déjà surmenée, accepta mal une nouvelle grossesse et se fâcha contre son mari qui se mit en colère, à son tour. Suivit une longue querelle pour savoir qui était responsable. Des querelles semblables s'étaient déjà produites lors des trois dernières grossesses.

Quoique surmenée, maman avait de bonnes intentions ; papa aussi, mais il s'évadait en regardant la télé et n'était pas d'un grand secours. De sorte que maman se plaignait, papa se renfermait sur lui-même et les enfants étaient pris entre deux feux.

Lorsque son professeur insista pour que Paul apporte son dessin à la maison et qu'il le présente à ses parents, celui-ci s'empressa de montrer à sa mère son talent artistique (qui était supérieur à celui de Jean). Mais maman avait invité une amie à prendre une tasse de thé et les deux femmes parlaient du coût élevé de la vie. « Pas maintenant chéri », lui dit-elle. Paul attendit un peu et recommença. « Paul, ne vois-tu pas qu'on a assez de saletés à la maison comme ça, sans que tu en rapportes de l'école ».

... DES SALETÉS !!! Le psi en frissonna. L'ego se dressa et la carapace devint de plus en plus solide. Cette couche protectrice qui entourait la jeune identité et qui était essentielle pour la protéger des douleurs trop vives, devait donc être renforcée. Le guide baissa les yeux en murmurant : « Heureux les pauvres en esprit, car le Royaume des Cieux est à eux ». Et maman poursuivit sa conversation.

À cause de son profond sentiment d'insécurité, Paul a développé un tic nerveux d'un côté du visage. En classe, un jour le professeur le questionna à ce sujet devant la classe entière, il eut très honte. Paul hésitait à se faire des amis, surtout des filles dont les petits rires aigus le terrifiaient, car il croyait qu'elles se moquaient de son infirmité faciale. Il quitta l'école et a trouvé quelques emplois. Cependant, il était plus souvent chômeur. Il se mit à boire, pour noyer sa peine et son sentiment d'être bon à rien. Il aimait boire seul dans sa chambre, sans autre compagnon que son vieil ami l'ego qui inventait, pour lui, les plus merveilleuses fantaisies. Devant la télé, il devenait alors le héros de chaque aventure, comme son papa.

Bien que le cas de Paul et de Jean soit extrême, on peut dire, assurément, que chaque personne a des lacunes dans la structure de son identité et que celles-ci sont comblées par l'ego. Pour simplifier, nos deux illustrations représentent Jean et l'identité bien en chair, et Paul et son ego bien en chair qui est un facteur de compensation. Chaque condition comporte ses avantages, qui sont décrits dans les deux catégories d'activité onirique normale, au chapitre précédent.

Cela peut paraître surprenant, mais pour débuter en métaphysique, Paul est au départ le meilleur sujet des deux. Son ego est comme un ballon d'air que le psi peut percer facilement. Jean devra travailler davantage pour trouver des lacunes dans la structure de son identité, quoique son potentiel de production soit plus grand. Si on les laisse se débrouiller seuls, Paul deviendra une espèce de « philosophe des tavernes », ce genre d'idéaliste qui rêve, mais sans agir pour la cause humaine ; tandis que Jean pourra devenir un grand humanitaire. Mais la loi spirituelle décrète : « Aimez-moi ; aimez Mes enfants » (c'est-à-dire, l'humanité), et les deux ayant le pouvoir de laisser s'exprimer leur étincelle divine, le plus grand honneur ne va-t-il pas à celui qui, du pire, a tiré ce qu'il y a de mieux ?

Hier, vous étiez conscient, mais où était dirigée votre attention ? En y pensant, vous vous rendrez peut-être compte qu'elle était surtout dirigée vers des choses extérieures. Hier, vous avez rêvé, mais cherchiez-vous à vous souvenir consciemment de vos rêves ?

Effeuiller la marguerite

Pour faire l'expérience de rêves rétrogressifs révélateurs, il faut d'abord sincèrement le vouloir et diriger consciemment ou délibérément l'attention vers l'intérieur. Il faut pour cela pratiquer quotidiennement l'introspection, en commençant d'abord à un niveau de conscience bêta, c'est-à-dire, pleinement attentif. La première leçon du cours de *Développement de la personnalité et de la psyché* examine en détail les meilleures techniques pour arriver à cette fin. Un des exercices s'appelle « effeuiller la marguerite ».

Les impressions sont collées les unes sur les autres sur le miroir de votre identité, particulièrement dans les évidements magnétiques, et chaque expérience vécue est liée à l'autre, comme les pelures d'un oignon. Chaque strate sous-jacente d'expérience influence vos réactions face aux événements normaux de la journée et face aux interactions sociales du moment. En tirant sur les couches de surface, ou en effeuillant les pétales de la marguerite, vous pouvez graduellement commencer à descendre vers les racines. La fleur, c'est-à-dire le produit de l'organisme, est nettement visible ; mais le but est de descendre au dernier engramme [3] minuscule qui affecte la floraison entière de l'identité.

Le conscient

Le subconscient

Les racines de la personnalité

Un des exercices s'appelle "effeuiller la marguerite".

Si on fait régulièrement et systématiquement cet exercice, de préférence le soir avant le coucher, l'ego le continuera à un niveau subconscient.

Par exemple, vous vous direz : « D'accord ! chaque soir, pendant un mois, je vais m'installer et essayer cette méthode. Aucune distraction, ni lecture, ni radio, ni télé. Je vais rentrer chez moi, manger, me détendre un peu, prendre un bain, puis, je m'installerai dans mon bureau ou dans ma chambre et ferai cet exercice de « rétrogression ».

---

3. Engramme : « trace laissée dans le cerveau par un événement du passé individuel ». Dict. Robert.

Un vieil album de famille peut être un outil utile. Essayez de vous souvenir des incidents ou des scènes qui se rapportent à chacune des photos. Ou bien utilisez d'anciens disques, de vieilles lettres, des objets-souvenirs, etc. N'essayez pas d'examiner une grande quantité de matière à la fois, essayez plutôt de fouiller profondément un seul élément, afin de ne pas trop encombrer l'ordinateur. Autrement, les résultats apporteront plus de confusion que d'éclaircissement. Notez par écrit tout ce dont vous pouvez vous souvenir.

Utilisée comme il se doit, cette méthode peut faire remonter vos souvenirs jusqu'à la naissance ou même avant, à mesure que les ondes alpha remplacent les ondes bêta. Avant d'entreprendre les rendez-vous nocturnes avec le « Je suis », notez par écrit tous les incidents qui vous ont troublé au cours de la journée. Vous épargnez ainsi à l'ego une partie du temps qu'il passe à les rationaliser. Soyez cliniquement objectif et n'hésitez pas à prendre votre part de responsabilités des erreurs de la journée. Après avoir noté toutes ces impressions, reposez votre esprit cinq ou dix minutes avant d'entreprendre l'exercice de rétrogression.

Les versets suivants vous aideront peut-être à reconnaître certaines de vos caractéristiques d'adulte.

L'ENFANT APPREND CE QU'IL VIT (anonyme)

L'enfant qui vit avec la critique apprend à condamner.
L'enfant qui vit dans l'hostilité apprend à combattre.
L'enfant qui vit avec la pitié apprend à s'apitoyer sur
    son sort.
L'enfant qui vit dans le ridicule apprend la gêne.
L'enfant qui vit dans la jalousie apprend ce qu'est
    l'envie.

L'enfant qui vit avec encouragement apprend la confiance.

L'enfant qui vit dans la tolérance apprend la patience.

L'enfant qui vit avec louange apprend à apprécier.

L'enfant qui est accepté apprend l'amour.

L'enfant qui vit dans la reconnaissance apprend qu'il est bon d'avoir un but.

L'enfant qui vit en partageant apprend la générosité.

L'enfant qui vit dans l'honnêteté et l'égalité apprend la vérité et la justice.

L'enfant qui vit dans la sécurité apprend à avoir foi en lui-même et dans les autres.

L'enfant qui vit dans l'amitié apprend que le monde est un bon endroit où vivre.

Si vous vivez de façon sereine, votre enfant aura l'esprit en paix.

Les besoins fondamentaux de l'homme

Le fait de pouvoir distinguer entre le concept et les détails constitue un autre aspect des rêves rétrogressifs. Vous pouvez noter dix rêves dont les détails diffèrent, mais qui sont traversés par un thème unique, comme le fil conducteur de la série. Avec le temps, on apprend à réduire le degré d'exagération et à trier les détails inutiles, afin d'identifier le message principal. Il n'est pas nécessaire que ces dix rêves significatifs se suivent car l'ego continue à faire son travail quotidien et utilisera des détails enregistrés dans la journée. Si, par exemple, dans cet exercice, vous voyez maman qui porte une robe à petits pois, il se peut qu'au cours de la journée vous ayez aperçu une autre femme qui ressemblait vaguement à votre mère et qui portait une robe à petits pois et que cet événement se soit pris dans le filet de votre mémoire. Afin d'éviter tous ces détails inutiles, il est bon que les étudiants sérieux se retirent en immersion totale dans un milieu favorable, tel que les centres de l'*Institut de Métaphysique Appliquée*, ou, si cela s'avère impossible, dans un camp d'été isolé, par exemple.

Au cours des rêves rétrogressifs, vous redevenez comme un petit enfant. Une fois qu'on a nourri le bébé, qu'on lui a changé sa couche, qu'on l'a bordé dans son lit pour la nuit, ses besoins instinctifs de survivance et de sensation (nourriture, chaleur, confort, etc.) sont satisfaits. Mais, pour vivre et croître, il éprouvera un autre besoin fondamental : la nécessité psychologique de recevoir attention et affection (car il ne peut alors faire la différence entre l'un et l'autre). Ce besoin qu'ont les bébés d'être touchés et caressés fut clairement démontré en Allemagne durant la deuxième guerre mondiale. Les nouveau-nés en bonne santé qu'on nourrissait régulièrement, mais machinalement et qu'on touchait à peine, avaient un taux de mortalité très élevé. Aujourd'hui encore, une mystérieuse « mort des berceaux » est un des principaux facteurs de la mortalité infantile ; les scientifiques ont pu démontrer plusieurs aspects de ce phénomène en isolant de jeunes animaux.

Il semblerait que si l'identité ne reçoit pas d'attention, le psi, incapable de distinguer les limbes terrestres des limbes spirituels, se sent attiré par la chaleur de ces dernières et retourne d'où il vient.

Une fois que les premiers besoins physiques sont comblés, l'être humain cherche à satisfaire trois besoins psychologiques fondamentaux : le besoin d'affection, d'expression créatrice et, finalement, d'avoir un sens à la vie.

Il est important de pouvoir distinguer le concept et les détails de notre besoin ; cela fait partie de l'analyse des rêves et c'est un élément indispensable à l'amélioration de la vie.

L'ancien philosophe chinois Confucius, fit une observation pertinente : « Le petit homme a une compréhension totale des moindres détails ; le grand homme, lui, a une compréhension totale des concepts ».

Le premier besoin d'affection de l'enfant est comblé par les échanges qu'il a avec sa mère, une influence qui ne cesse jamais. Puis, en grandissant, son attachement va aussi à son père, à la famille, aux amis, à ses animaux, puis à son conjoint. L'esprit de l'enfant mesure le degré d'affection reçue aux gestes qui l'expriment. La mère le baigne et le caresse, lui peigne les cheveux, le nourrit, lui parle, pense aux fêtes, aux cadeaux, aux surprises-parties, sympathise avec les petites douleurs, console, caresse, embrasse. Tout ceci s'imprime fortement dans le fichier de l'ego marqué « plaisant » et s'enregistre pour être utilisé, plus tard, dans les périodes de tension, afin d'apaiser l'identité.

Chaque fois que l'adulte doit vivre une situation plus ou moins difficile, génératrice de tension, il s'aide par exemple d'une tasse de café et d'un morceau de tarte, pour se rappeler (inconsciemment bien sûr) les douces consolations que lui prodiguait maman. Mais c'est ainsi que les sucreries deviennent un succédané de l'affection et de l'approbation d'autrui. La situation peut quelquefois perdre toute proportion. Si la vie devient un peu difficile, la nourriture sert à alléger les frustrations, puis l'anxiété, puis la déception et ainsi de suite, jusqu'à ce que les excès de table deviennent un sérieux danger pour la santé.

Les visites chez le coiffeur ou chez la masseuse, où l'on recherche l'attention désirée, ou encore une sympathie non méritée en sont une autre manifestation.

D'autres personnes passent leur temps à parler, à assister à des surprises-parties, à recevoir et donner des cadeaux, pour les mêmes raisons.

Cette attention portée sur les marques d'affection, lorsqu'elle n'est pas bien comprise, peut causer bien de la peine. Ainsi, maman n'oubliait jamais l'anniversaire de son fils. Mais maintenant que sa famille a grandi, ses horizons s'élargissent (comme il se doit) et elle s'intéresse aux voyages, à la politique, etc., et pour la première fois, elle omet d'envoyer un cadeau d'anniversaire à son fils. C'est un coup dur pour une personnalité qui manque de maturité. «Maman ne m'aime plus», conclut secrètement l'ego. Ou bien, lorsqu'il rendait visite à ses parents, maman préparait toujours son plat préféré. Mais cette fois-ci, c'est un repas froid qu'on lui offre. Intérieurement, celui qui n'a pas su distinguer les détails des concepts se sent un peu rejeté.

Évidemment, il est préférable qu'une personne ait un éventail large et diversifié de marques d'affection, pour combler ses besoins : familles, amis, copains, camarades de classe, animaux familiers. Autrement, les résultats peuvent être très tristes. Certains individus très seuls ont dans leur testament laissé leur fortune aux animaux domestiques qui remplissaient exclusivement leur besoin de tendresse. On voit, aujourd'hui, des groupes de jeunes qui vivent dans la débauche pour satisfaire uniquement leurs besoins sexuels et qui prodiguent invariablement leur «affection» à leurs chiens ou leurs chats. C'est la différence entre aimer vraiment et simplement faire l'amour ; car la gratification d'un désir sans satisfaction émotive conduit sûrement à la névrose.

Ce n'est pas nouveau. Au début du cinéma, un lien très net était établi entre les paniers de fruits, les fleurs,

les présents et l'expression de l'affection ; surtout lorsqu'un homme mûr et sophistiqué allait séduire la jeune
héroïne (qui, en retour, était prête à vendre son « affection »). Le prix de l'affection était un peu plus élevé à
l'époque : un manteau de vison ou un bracelet de
diamants, tel était le prix que l'on payait pour avoir une
maîtresse. Depuis l'augmentation du coût de la vie et
l'usage des moyens contraceptifs, les choses ont changé :
ces détails ont été modifiés, mais le besoin fondamental
d'affection demeure et il ne pourra jamais être satisfait
par une imitation quelconque.

Le symbolisme de vos rêves rétrogressifs vous aidera
à comprendre de quelle façon vos propres besoins
d'affection sont catalogués. Notre tableau offre quelques
suggestions qui peuvent être comparées au contenu de
vos rêves.

L'individu qui manque de maturité ou de sécurité a
constamment besoin d'affection : le mari infidèle, la
femme volage, l'adolescent qui souffre d'embonpoint,
l'homme qui paie toujours les consommations, l'hôtesse
qui cuisine pendant des jours et bourre ses invités de
sucreries, celui qui cherche les compliments, celui qui est
avide de débauche.

Le fils qui se cache toujours sous le tablier de sa mère
nous révèle un autre aspect de ce même tableau. Cet
homme ne pourra jamais se marier ou, s'il se marie, il ne
réussira jamais à couper complètement le cordon ombilical. D'autre part, il y a des couples mariés qui ne vivent
que pour eux-mêmes. (« Si tu étais la seule fille au
monde, et si j'étais le seul garçon... »). Ils bloquent tous
les autres besoins d'affection et développent une dépendance névrotique l'un envers l'autre, à un point tel que
tout leur univers s'effondre si l'un des partenaires meurt.
Nous recevons souvent de tels étudiants ; incapables de

combler ailleurs leur besoin d'affection, le seul intérêt qu'ils portent à la science-psi est l'espoir de pouvoir communiquer avec les morts. Souvent, le rituel et les détails d'un tel mariage sont inflexibles, de sorte qu'une carte d'anniversaire oubliée, ou un café au lit négligé peut causer une énorme peine. Si la sexualité joue un rôle primordial dans cette structure affective et si l'un des partenaires n'a pas envie ou est incapable d'y répondre à un moment de leur vie, l'autre interprétera invariablement cet incident comme un amoindrissement de l'affection et en ressentira une profonde blessure « émotive », alors que les raisons en sont probablement physiques.

Les besoins psychologiques fondamentaux de l'homme

Après avoir satisfait ses besoins physiques immédiats, l'être humain a encore trois besoins psychologiques fondamentaux à combler: le besoin d'affection, le besoin d'expression créatrice et le besoin de donner un sens à vie. Plusieurs personnes confondent le "besoin" avec les détails qui peuvent combler le besoin.

BESOIN FONDAMENTAL	SOURCE DU CONCEPT	QUELQUES EXEMPLES DE DÉTAILS
Affection	Famille Amis Époux/épouse Animaux	Manger, discussions de famille, pique-niques. Cadeaux, surprises-parties, activités sociales. Relations sexuelles, sensualité, sympathie. Compagnon, faire une marche.
Expression créatrice	Ménage Affaires Passe-temps Travail Procréation	Cuisine, ménage, soin des enfants. Bureau, voyage, rencontre des gens. Opéra, peinture, ballet, danse, jardinage, menuiserie, lecture. Garde-malade, secrétaire, vente. Allaitement, changer les couches, baigner.
Sens à la vie	Religion Philosophie Profession Affaires civiques Métaphysique	Rituel, encens, église, bingo. Livres, discussions sérieuses, penser. Tests de laboratoire, écologie, sociologie, psychologie. Rencontres, activités, entraide civique. Gens, cours, pause café, piques-niques, activité sociale, avoir des buts.

La véritable satisfaction

Créer, c'est la loi de la vie. Le soleil amoureux réchauffe et éclaire la terre, la graine explose en expression créatrice, de la tige aux feuilles, aux fleurs. Son but, sa raison d'être, c'est de porter des fruits, de produire d'autres semences.

Il en est ainsi de l'enfant. S'il est élevé dans une atmosphère de chaleur et de lumière et si son besoin d'affection est comblé, le besoin de créativité fleurira automatiquement chez lui. Par contre, si son besoin d'affection n'est pas satisfait, il exigera de l'attention comme succédané et son besoin de créativité se manifestera par des tendances destructives. Elles dénotent l'envie de posséder ou de détruire la créativité d'autrui. Les exemples quotidiens sont nombreux : l'activité terroriste, les révoltes estudiantines, les critiques destructrices, les commentaires acerbes, la haine, la violence. Ces pensées montrent comment l'ego console l'identité affamée en s'attaquant aux autres. C'est un phénomène répandu chez ceux qui ne sont pas créateurs et chez les êtres qui ont manqué d'amour et dont la vie n'a, par conséquent, aucun sens.

Ce besoin d'expression créatrice peut également être compris à un niveau conceptuel ou au niveau des détails. Plus la base d'expression créatrice est étendue, plus la qualité de vie est riche. La femme peut se considérer comme une simple ménagère qui entretient une maison, ou comme une mère qui prépare le nid et réchauffe le foyer et elle peut donc apporter à sa tâche une grande richesse d'expression. Elle peut jeter sur la table un repas en boîte ou cuisiner elle-même avec art ses repas. Elle peut faire de la couture, décorer, jardiner et en tirer une grande satisfaction émotive, ou ne voir sa maison que comme un lieu où manger et dormir.

C'est ce que nous appelons en métaphysique la satisfaction du psi. Nous enseignons que chacun a besoin de recevoir une double récompense pour son travail de la journée : d'une part, la récompense extérieure très évidente qu'est l'argent (ou, pour la mère de famille, protection et foyer) et, d'autre part, la satisfaction profonde de la psyché, qui vient lorsqu'on s'engage émotivement dans ses activités. Cela explique l'agitation ouvrière de nos jours. Si une personne ne tire pas de son travail ou de sa tâche sa part de satisfaction personnelle, il se crée chez elle un désaccord intérieur constant. Les profanes croient qu'on peut remédier à cet état de choses par des changements extérieurs, tels que de meilleures conditions et une réduction des heures de travail ou une augmentation des jours de congé. C'est une erreur.

Le métaphysicien apprend à consacrer à l'humanité chaque tâche qu'il entreprend... Le facteur livre le courrier en pensant au plaisir qu'il peut apporter aux gens qui sont seuls ; l'agent immobilier est fier d'aider ceux qui cherchent une maison ; l'éboueur est heureux de servir le public. De cette façon, on donne satisfaction à l'instinct créateur tout en gagnant sa vie.

Tout autant qu'un champ d'affection restreint, une perspective d'expression créatrice limitée pose des problèmes. L'homme d'affaires qui investit toute son énergie dans son entreprise semble vite perdre intérêt à la vie s'il prend sa retraite sans avoir développé de passe-temps créateur. Je connais un tel cas. Il s'agit d'une dame qui végète, bien avant son temps, dans une maison de retraite. Cette vieille fille a mené, après la mort de ses parents, une vie très stricte. Elle vivait dans un petit appartement en compagnie d'une chatte et durant trente ans, elle a travaillé au rayon de lingerie d'un grand magasin. Elle aimait étaler la lingerie et parler aux clients. Toutefois, son apparence n'étant plus celle d'une femme jeune, le nouveau directeur lui a proposé de prendre sa retraite, à l'âge de cinquante-cinq ans. Le magasin lui a donné une bonne pension. Mais bien que son corps fut encore en assez bonne santé, son esprit semblait désormais brisé. Puis, la mort de sa chatte lui a porté le coup de grâce. Elle a cessé de manger convenablement, ne s'est plus occupée de sa santé et a fini ses jours dans cette maison de retraite sur son fauteuil à bascule, fixant le mur jour après jour de son regard éteint.

Nous entendons aussi parler de ces vedettes du cinéma qui prennent des doses excessives de somnifères lorsque leur popularité diminue et qu'elles doivent faire face à leur vieillesse. De telles histoires soulignent le triste état de ceux pour qui la vie n'a aucun sens ni but. C'est dès maintenant qu'il faut chercher un sens à la vie et pas lorsque vous serez trop âgé pour changer.

Même le besoin de ce sens peut se comprendre au niveau du concept et au niveau des détails. Il n'y a pas si longtemps, la religion apportait encore à beaucoup de gens un sens à la vie. Les détails de la religion étaient fournis par les pratiques et les rites des diverses sectes. Il y avait la préparation du dimanche matin, les gants blancs, l'habit du dimanche, la sortie familiale, les salutations sur le parvis de l'église, puis l'encens et les psaumes, la messe en latin, les cierges, les rites symboliques. Toutes ces choses offraient aux participants un vrai sens d'unité et de sécurité.

Puis un jour, on a chanté la messe en français ; les gens ne s'habillaient plus avec autant de cérémonie. On a « modernisé » les rites et finalement, quelle horreur, un beau dimanche, un groupe « rock » a remplacé le chœur au jubé. Pour ceux dont le sens religieux était basé sur les détails, ce fut un choc irréversible. « Ils ont changé ma religion », s'écria l'ego. Mais quand la « religion » est une manière de vivre, un concept profond et un sentiment personnel de son unité avec le Divin, qui peut séparer l'homme de sa religion ?

Au début, les étudiants de la métaphysique s'embrouillent souvent dans des détails semblables. On part pour le week-end rencontrer le groupe ; il y aura de la chaleur et de l'amitié, un bon morceau de gâteau fait à la maison, une tasse de thé, des discussions, des histoires et des plaisanteries. Peut-être ira-t-on, à trois ou quatre, manger ensemble après la classe. C'est très beau tout cela, mais ça n'a rien à voir avec la métaphysique. Si un étudiant est attaché à ces détails et change de ville, il se retrouve seul et sa situation est pitoyable. Il se dit : « Oh ! que je vais m'ennuyer de la métaphysique ». Mais comment s'ennuyer de la métaphysique ? Car celle-ci n'est pas un simple sujet de conversation. C'est une façon de vivre, un rayonnement intérieur qui n'est pas affecté par les circonstances extérieures. Seuls les détails ont changé.

La conscience et la perception consciente ont, en effet, un sens différent. Par les rêves rétrogressifs, vous pourrez découvrir dans quelle direction votre foyer d'attention a été principalement dirigé. Demandez-vous consciemment : « Qui suis-je ? » Et commencez le voyage intérieur. Beaucoup ont déjà trouvé la réponse.

L'auteur Pearl S. Buck, une grande métaphysicienne qui a reçu les prix Nobel et Pulitzer, savait la réponse. Elle la révèle dans son épitaphe, qu'elle a composée elle-même :

« Je me souviens de ma naissance. Je m'en souviens !

J'ai dormi l'éternité durant,
Par des eaux calmes caressée,
Dans son silence protégée,
Sans savoir, sans penser, nuit et jour je reposais.
Soudain par la vie appelée,
J'étais libre, je n'étais plus liée.

Libre de vivre ou de mourir,
Libre d'être ce que je suis.
Je me souviens de ma naissance. Je m'en souviens !
Toi aussi, tu peux t'en souvenir. »

CHAPITRE 4

LES RÊVES PSYCHIQUES

Quand l'ego s'endort à son tour!

Voilà bientôt un mois que vous vérifiez vos rêves rétrogressifs. Ouf! Quelle pagaye il a fallu ordonner! Vous avez également appris à réduire le contenu « freudien » de vos rêves, en déversant consciemment par écrit vos frustrations quotidiennes. Vous vous sentez maintenant beaucoup plus reposé et dispos le matin. Évidemment, il y a encore bien des choses à mettre en ordre, mais c'est un jeu fascinant, quand on en connaît la règle. Nous voici parvenus à la troisième sorte de rêves, le rêve psychique.

À mesure que l'analyse des rêves progresse, un changement marqué se fait sentir dans leur contenu. On commence à se défaire peu à peu de cette orientation profondément égocentrique qui interprète tous les événements extérieurs en fonction de leurs effets sur soi-même, et nous pouvons maintenant nous attendre à avoir des rêves psychiques ou supranormaux.

Imaginons, une fois de plus, que c'est l'heure du sommeil. Les sens ferment boutique pour la nuit. L'ego n'a plus à courir comme un fou dans la salle de contrôle parce que, oh ! miracle, le panier marqué « à vérifier » ne déborde plus. Il s'asseoit donc avec confiance dans sa chaise de directeur, pour commencer le théâtre nocturne. Il classe une ou deux informations, mais il est devenu beaucoup plus flexible vis-à-vis des données aux formes étranges et il n'a plus besoin de les modifier aussi radicalement avant de les accepter. De fait, l'ego a établi un fichier neutre entre les fichiers du *plaisant* et du *déplaisant* et les données bizarres ou vraiment nouvelles y sont rangées jusqu'au jour où l'ego recevra de plus amples informations qui lui permettront de les accepter ou de les rejeter. Un ego tolérant ? Une perspective plus mûre ? Eh bien ! pourvu que personne ne menace de prendre sa place, tout va bien ! De fait, cette nouvelle situation est assez confortable. Il commence à somnoler et finalement, il s'endort dans sa chaise. Un ou deux rêves devrait suffire pour la nuit.

S'il est possible de concevoir un psi avec un air satisfait, on peut se l'imaginer qui pénètre dans la salle de contrôle en marchant sur la pointe des pieds. Dès son entrée, toute la pièce s'illumine, comme si quelqu'un avait touché l'interrupteur. Sans faire de bruit, il remet de l'ordre dans les fichiers bourrés d'erreurs et d'idées fausses. Un réaménagement par ici, un réalignement par là... et là où le psi met la main, tout rayonne, comme des bougies sur un arbre de Noël. Le rêveur sourit dans son sommeil...

Le psi, puisqu'il est d'une autre dimension, n'est pas lié par les lois mortelles et rigides du temps et de l'espace. Pour lui, le passé, le présent et l'avenir sont un. Les événements « futurs » apparaissent comme des impacts émotifs sur le miroir de l'identité. Un petit événement crée des remous moindres qu'un événement plus important. Le psi s'approche de l'ego et, prestement, lui emprunte sa visière de directeur. Le rideau se lève, le spectacle commence. Les accessoires sont quelquefois empruntés au décor habituel de la « compagnie », mais le psi a aussi ses accessoires particuliers. Ce qui distingue ce spectacle, c'est qu'il se situe dans une autre dimension, peut-être même à une époque future et c'est un changement bienvenu après les mois qu'on a passés à regarder en arrière. Mais c'est justement ce travail qui a nettoyé tout le fouillis et qui a pu permettre au psi d'avoir le premier rôle.

Au début il est prudent ; il faut un certain temps pour s'adapter à la notion du temps terrestre. Il est plein d'égards envers l'ego car, en tant que pilote automatique, le bonhomme n'a pas fait un si mauvais travail ; il ne lui manquait qu'un sens de direction. Il fait tourner le mécanisme, il est vrai, mais il le fait tourner en rond. Plus l'ego conduit rudement, plus l'identité se presse, mais inévitablement dans la même ornière.

Le psi fait une prière. Il envoie un S.O.S. pour se faire guider. Car l'ancienne légende du Pays du Psi raconte que chaque psi a une marraine-fée qui lui apparaît dès qu'il le souhaite. À l'avant-scène, d'un éclair de lumière éblouissante émerge l'être le plus radieux que le psi ait jamais vu : « Es-tu mon ange gardien ? » demande-t-il. Il essaie de l'approcher, mais l'intensité de la force radiante de cette créature est trop puissante pour lui ; cependant, il tressaille de joie en s'apercevant que son propre « wattage » en est augmenté. Le visiteur sourit, émettant les ondes pensées les plus réconfortantes ainsi que toute une série d'instructions qui permettront au psi de reprendre la direction de l'identité. Le guide lui offre une carte de route : « Nous devons aller en ligne droite du point A au point Z. Après quelque temps, l'ego s'effrayera sans doute et il essayera comme toujours de tourner en rond, car au début, il se méfiera du nouveau régime. Nous devons donc procéder délicatement et être très gentils envers lui. Il est aussi fidèle à sa tâche que tu l'es à la tienne. Vous désirez tous les deux ce qu'il y a de mieux pour l'IDentité et, en coopérant, nous atteindrons tous nos objectifs. « Chaque fois que tu as besoin d'aide, appelle-moi et je viendrai ».

— « Ah, c'est à la fois comme l'histoire de Cendrillon et celle d'Aladin ou La Lampe merveilleuse. Pourquoi enseigne-t-on aux mortels que ces histoires ne sont que fiction ? »

— « C'est l'opposition qui répand ces mensonges, pour empêcher les terriens d'atteindre le bonheur. La joie illumine et libère, la peur rend esclave ».

— « Bon ange, parle-moi encore ».

— « Quand tu seras plus forte, chère Étincelle, car tu exploserais d'extase si tu recevais soudain trop de wattage. Mais je puis te dire ceci. Toi et moi, nous sommes frères, enfants d'une Lumière père-mère merveilleuse, qui est la seule vraie Réalité dans toutes les dimensions. Dans toutes tes épreuves terrestres, retiens cette Vérité unique et tout le reste te sera accordé. Je dois maintenant partir, car l'aube approche et tu ne voudrais pas que je me transforme en citrouille, n'est-ce pas ? »

— « Et moi, je dois retourner derrière les barreaux de ma prison. Mais j'ai pu enfin donner à l'ego une étincelle d'illumination. Pour la première fois, j'ai pu faire une véritable impression sur la conscience. Je te remercie cher ange. Je t'appellerai lorsque j'aurai besoin d'aide ».

Et le rêveur s'éveille. Il hésite un moment à ouvrir les

yeux, conscient d'une attraction intérieure, sentant qu'il quitte quelque chose de merveilleux. Rien de très tangible ne s'inscrit sur les fiches de la mémoire, sauf peut-être ce sentiment que la vie est belle.

« Je crois que j'ai fait un rêve psychique, mais je ne me souviens de rien », se dit-il. Et il se met en route pour son travail, une chanson au cœur.

70% de toutes les expériences psychiques se produisent à l'état de rêve. Si le psi peut en imprimer le conscient, l'identité bénéficie alors de connaissances spéciales qui proviennent de ce sixième sens.

La variété des rêves psychiques est illimitée, mais afin d'établir une classification générale, nous pouvons les diviser en six catégories.

1. Les rêves précognitifs.
2. Les rêves postcognitifs.
3. Les rêves clairvoyants, télépathiques et de projection astrale.
4. Les rêves prophétiques.
5. Les rêves créateurs.
6. Les rêves relatifs aux rapports avec l'au-delà.

D'une façon générale, la matière des rêves psychiques est telle que l'analyste perspicace ne peut se tromper sur leur contenu et les prendre pour des rêves freudiens ou normaux. Souvent, l'information contenue dans le rêve psychique est étrangère aux schèmes de pensée habituels du dormeur et n'est pas fondée sur des événements qui auraient pu occuper l'esprit à l'état de veille.

La plupart des rêves se déroulent en couleurs, mais les rêves supranormaux semblent rehaussés de nuances particulièrement belles, comme l'apparence que prennent les objets sous une lumière à rayons ultraviolets.

Au cours des rêves supranormaux, le dormeur a le

sentiment de participer totalement et il sait avec certitude que le rêve était spécial. Quand la précognition, la postcognition ou la clairvoyance entrent en jeu, la validité de l'épisode supranormal se voit confirmée lorsque l'événement se produit. Dans le cas de la post-cognition, cela peut être corroboré en vérifiant d'anciens documents.

Les rêves précognitifs

Les rêves précognitifs ont lieu lorsque la psyché libérée jette un coup d'œil sur les événements à venir et enregistre des informations qui n'ont pas encore eu lieu au sens physique du temps. La gamme s'étend du simple déjà vu (le fait de voir ce qui va se passer le lendemain ou le surlendemain) à ces variétés créatrices complexes qu'on associe aux géants psychiques de la trempe de Jules Verne qui, dès les années 1850, a fourni des descriptions détaillées de la technologie aérospatiale et sous-marine.

Êtes-vous déjà entré dans une chambre pour la première fois, en ayant le sentiment d'y avoir déjà été ? Toute la scène vous semble familière et vous savez exactement de quelle façon la conversation va se dérouler, quels gestes et attitudes vont suivre. Ou encore, avez-vous déjà voyagé sur une nouvelle route en sachant précisément quel paysage allait tout à coup apparaître au tournant ? C'est ça, le déjà vu.

Pour le réaliser, il s'agit d'avoir un meilleur souvenir de ses rêves. Le foyer d'attention qui est constamment braqué vers l'extérieur n'a qu'un faible souvenir du rêve ; mais quelquefois, lorsque la séquence des événements commence à se dérouler dans la réalité, la mémoire en revient brusquement.

Nous avons recueilli des centaines d'histoires concernant des accidents plus ou moins sérieux qui ont été évités grâce au déjà vu. Une de nos étudiantes, mère de plusieurs enfants, se tenait un matin sur le perron de sa maison et regardait son petit garçon de trois ans se promener en tricycle. Soudain, un souvenir jaillit dans sa conscience et elle se mit à courir pour rattraper l'enfant. Elle se souvint comment en rêve, la nuit précédente, cette situation s'était déroulée. La scène s'était terminée d'une manière dramatique lorsque le petit garçon était tombé de son tricycle sur le passage d'un camion de livraison. Se fiant à son pressentiment, elle put sauver son enfant, au moment même où les événements commençaient à se dérouler comme dans le rêve.

En termes métaphysiques, les rêves précognitifs sont un peu plus complexes ; les personnes qui y participent, vous sont quelquefois inconnues et ils sont d'une nature moins personnelle que le simple déjà vu. Ces rêves se produisent lorsque le psi a un plus grand contrôle de l'organisme et qu'il a pu étendre la perspective de l'ego au-delà des simples soucis personnels immédiats. Pour lui, tous les psi sont frères ; il vit au-dessus des liens familiaux ou amicaux.

Un étudiant nous rapportait cette histoire :

« Quand j'étais un petit enfant, nous vivions sur une ferme au Manitoba. Je couchais dans une chambre située en face de celle de mes parents. Un matin, ma mère s'est réveillée en proie à une crise de nerfs. Je pouvais l'entendre supplier mon père de se rendre immédiatement à l'embranchement de la voie ferrée et d'arrêter le train, de crainte qu'un accident terrible ne se produise.

Après que papa eût réussi à la calmer, elle nous a raconté qu'elle avait vu un accident se produire à l'embranchement de la voie, le choc avait projeté le chauffeur de l'automobile contre la locomotive. L'homme portait un manteau de bison et elle pouvait décrire son apparence en détail.

« Quelques heures plus tard, mon père dut faire des livraisons à la gare. Il fut étonné d'apprendre qu'un accident s'était produit à l'endroit et de la façon dont ma mère l'avait décrit. Il put constater que l'événement s'était déroulé au moment même où elle s'était éveillée pour lui raconter son rêve.

« La victime ressemblait comme deux gouttes d'eau à la description qu'en avait faite maman et il portait un manteau de bison.

« À cause de cette expérience et de plusieurs autres au cours de mon enfance, je porte un grand intérêt aux phénomènes psychiques. J'espère que la métaphysique recevra l'attention publique qu'elle mérite et qu'elle contribuera à développer une attitude plus éclairée sur le sujet des phénomènes psychiques ».

Le rêve précognitif créateur trouve un bon exemple dans l'ouvrage de l'auteur anglais Morgan Robertson qui, en 1898, a prévu que le *Titanic*, le plus grand bateau à vapeur du monde, à l'époque, coulerait quatorze ans plus tard, lors de son voyage inaugural, de Southampton à New York, le 14 avril 1912. Il semble impossible qu'un auteur de romans ait confectionné une telle histoire. Et pourtant, le navire imaginaire conçu par Robertson pouvait contenir (exactement comme le *Titanic*) 3 000 passagers, il voyageait à une vitesse de vingt-quatre à vingt-cinq nœuds et ne possédait pas un nombre suffisant de canots de sauvetage. Ces deux bateaux étaient censés ne pas pouvoir couler. De plus, Robertson avait baptisé son navire fictif le *Titan*, quatorze ans avant que l'événement n'arrive réellement.

La probabilité d'une coïncidence en ce qui concerne ce rêve psychique est si minime que les chiffres ébranlent l'imagination. Il n'y a pas longtemps, on vérifiait encore au laboratoire de parapsychologie de la *Duke University*, quantités d'histoires précognitives authentifiées, concernant le naufrage du *Titanic*.

Le psientifique qui veut réussir doit cesser de concevoir les événements comme des incidents successifs qui se déroulent le long d'un chemin qu'on appelle le temps. Le naufrage du *Titanic* peut être qualifié d'« explosion psychique » de première grandeur. Des centaines, peut-être des milliers de rêveurs en ont senti les remous et se sont sans doute tournés et retournés d'horreur dans leur sommeil pendant plus d'une décennie avant que l'événement ne se produise.

Cette histoire illustre bien un autre aspect subtil de la compréhension de la métaphysique. Les événements sont comme des cailloux qu'on jette dans un étang. Les petits cailloux créent de petits cercles, des ondulations légères, tandis qu'une énorme roche provoque un énorme éclaboussement dont les remous s'étendent jusqu'à la limite de l'étang, en cercles toujours croissants. Il est intéressant de noter également que davantage de rêveurs rêvent aux manchettes des journaux annonçant la catastrophe plutôt qu'à l'événement lui-même. C'est dû, croyons-nous, au fait que le plus grand impact émotif est produit au moment où le public prend conscience de ce qui s'est passé.

Les rêves postcognitifs

La Terre est vivante. Faisant partie intégrante de l'ensemble de la Divine Pantomime, elle aussi possède une aura, une espèce d'enveloppe émotive dans laquelle sont enregistrés tous les événements terrestres qui se sont déroulés depuis le début de l'histoire humaine.

Un de mes propres rêves rétrogressifs les plus importants m'a transportée dans la vieille maison londonienne où je suis née. Quoique plusieurs générations de ma famille l'aient habitée, elle appartenait à la municipalité et tous les deux ans, les ouvriers venaient retapisser les chambres. Le premier souvenir que j'eus au cours de ce rêve rétrogressif fut l'odeur de la colle qu'ils utilisaient. Elle sentait l'amande amère et toute la maison en était imprégnée. Un grand choix de motifs était disponible et ma mère me laissait choisir le papier peint que je désirais pour ma chambre. Ah! les métamorphoses qui s'opéraient alors! D'un jardin de roses, je suis passée dans un vieux jardin japonais avec des petits ponts où de délicates dames portaient des ombrelles et se promenaient sous des arbres étranges. Mais ma mémoire pouvait aussi se rappeler les roses et avant cela, les rayures bleues et grises qui avaient orné les murs. Depuis, cette vieille maison a été démolie pour faire place à un immeuble moderne, mais elle vit toujours dans ma mémoire. Il en est ainsi de l'aura terrestre. Elle est entourée par le tissu des événements émotifs. Physiquement, les vieux bâtiments, les vieilles situations, les anciens personnages apparaissent et disparaissent, mais l'impact émotif demeure.

C'est ce que nous appelons parfois en métaphysique, le revers de la nature.

Le psi n'a pas de difficulté à se plonger dans cet océan commun d'émotions, car il est lui-même une goutte de cette dimension non physique. Maintenant, il sait emprunter la chaise du directeur, car l'ego a installé un divan dans la salle de contrôle où il s'étend pour dormir, entre les productions. Le psi prend donc en main son miroir d'identité et, ensemble, ils peuvent voyager à travers le temps et l'espace, généralement guidés par un « ange gardien », un compagnon toujours joyeux et plein d'humour. Le passé, le présent et l'avenir forment un tout lorsqu'on a transcendé les limites mortelles.

Une histoire classique en ce qui concerne les rêves postcognitifs rapporte l'expérience du docteur Herman V. Hilprecht qui, en 1893, tenait la chaire des Études assyriennes à l'université de Pennsylvanie. Plusieurs étudiants revenaient d'une expédition qu'ils avaient faite jusqu'au site de l'ancienne Babylone et dont ils avaient rapporté deux pendants d'oreilles en agate, que le professeur examinait afin de déchiffrer les inscriptions qui y étaient gravées.

Il avait travaillé toute la soirée, sans aucun succès. Vers minuit, il décida de se coucher, mais il souhaitait être dans l'ancienne Nippour, afin de pouvoir découvrir les indices qui lui permettraient de déchiffrer les inscriptions.

Cette nuit-là, Hilprecht rêva qu'il se trouvait dans l'ancienne ville de Nippour, qu'on nommait « l'incomparable » durant l'époque de sa splendeur. Il a été accueilli par un prêtre assyrien qui lui a fait visiter le temple et la chambre des trésors légendaires, où il put identifier de très belles pièces en agate et en lapis-lazuli. Cette pierre précieuse qui ressemble au saphir est souvent utilisée aujourd'hui en méditation. Edgar Cayce affirmait qu'elle émet des vibrations remarquables.

Dans la chambre aux trésors, le prêtre dit à Hilprecht qu'il lui avait été commandé de ciseler une paire de pendants d'oreilles en agate pour la statue de Ninib, seigneur des Planètes, fils du grand dieu Bêl. Mais le seul morceau d'agate disponible était une pièce de forme cylindrique qui avait été offerte à Bêl lui-même. Étant donné les circonstances, il n'y avait pas eu d'autre recours que de tailler le cylindre en trois parties, ce que le prêtre et ses ouvriers avaient fait. Ils utilisèrent deux d'entre elles pour façonner les pendants d'oreilles de Ninib et ils cachèrent la troisième là où elle ne pourrait jamais être découverte. L'Assyrien suggéra donc au professeur de placer les deux anneaux ensemble. En tenant compte du tiers du cylindre qui manquait, il devrait pouvoir déchiffrer l'inscription complète.

Lorsque le docteur Hilprecht s'éveilla de ce rêve postcognitif incroyable, il alla immédiatement réveiller son épouse et le lui raconta en détail. Le lendemain, il rassembla les pendants d'oreilles en agate et put déchiffrer l'inscription suivante :

« Au Dieu Ninib, fils de Bêl, son Seigneur,
Kurigalzu, pontife de Bêl, fait ce présent. »

L'ancien directeur d'un de nos centres à Winnipeg, Michel Ahern, a fait deux expériences semblables à la cour de Nabuchodonozor, au moment où il se concentrait sur un aspect particulier de son développement personnel. Ses rêves postcognitifs lui ont permis de résoudre son dilemme.

La postcognition, comme toutes les autres formes de prouesse mentale psychique, n'a pas lieu uniquement au cours du sommeil. Une fois le psi et l'ego se sont liés d'amitié, le psi va et vient à loisir et la chaise du directeur devient une causeuse.

Au tout début du livre *Le pouvoir intérieur*, le premier volume que m'inspira Loliad, je raconte comment j'ai pu, en sa compagnie, assister à la formation de l'univers. Nous avons exploré de plus en plus profondément la dimension astrale, jusqu'au début de la création, cette première et énorme effusion d'Énergie créatrice, expression de l'essence vitale dans la réalité physique. La postcognition peut sonder n'importe quel incident, du début des temps jusqu'au moment présent.

Les rêves télépathiques, clairvoyants et de projection astrale

Les rêves clairvoyants sont semblables aux rêves postcognitifs, sauf qu'ils transcendent l'espace plutôt que le temps. Le mot « clairvoyant » veut dire « avoir la vision claire » ; la vision du rêveur n'est entravée par aucun obstacle ou substance matérielle. Dans un rêve clairvoyant, le dormeur observe des événements qui ont lieu à distance. Dans la projection astrale, il s'agit d'un état semblable, mais où une participation plus personnelle entre en jeu. Il n'y a qu'une différence de nuances entre les niveaux inférieurs du « voyage astral » et les niveaux supérieurs de l'expérience de voyance (ou clairvoyance).

Un des plus beaux exemples de rêve clairvoyant concerne deux frères qui vivaient au Manitoba. Plusieurs centaines de milles les séparaient physiquement, mais lors d'un moment de crise, les deux psychés, auxquelles s'est jointe une troisième, se sont rencontrées et ont communiqué. Le rêve fut évidemment interprété par l'ego, l'ordinateur cérébral du sujet receveur.

« Lorsque le rêve a commencé, je me trouvais debout dans une cave noire et profonde, semblable à un cachot. Dans un coin de la pièce, il y avait une boîte oblongue dont les côtés étaient en toile et les pieds en bois. Comme je m'approchai de la boîte, l'odeur infecte de la chair en décomposition m'a figé sur place. Me maîtrisant, je me suis empressé d'avancer. J'ai jeté un coup d'œil rapide sur le cadavre à l'intérieur et vivement, j'ai reculé, écœuré par l'odeur.

« Soudain, je flottais en haut de l'escalier, vers une porte qui s'est ouverte sur une chambre à coucher située au rez-de-chaussée.

« On dit que les gens ne rêvent qu'à ce qu'ils ont vu ou désirent voir, mais cette expérience-là fut tout à fait autre. Ma première réaction, en me retrouvant dans le cachot, en fut une de surprise et de colère. Je trouvais cela répugnant et je me souviens de m'être demandé ce que je faisais là. Mais la chambre à coucher, elle, baignait dans le soleil. Un corps immobile, bandé de la tête aux pieds, reposait sur le lit. Je pouvais voir très nettement les fils du drap blanc.

« Bien que je ne pouvais savoir qui se trouvait sous les bandages, je me sentais attiré vers ce corps et j'avais un grand désir d'enlever les bandages et de voir qui c'était. À ce moment même, comme s'ils lisaient ma pensée, les bandages qui enveloppaient la tête se sont déroulés comme mus par une main invisible. J'ai bientôt reconnu mon frère. Il a bougé un peu (certains bandages n'étaient pas encore enlevés), mais n'a pas dit un mot.

« J'ai cru passer là une journée entière. Mon frère reposait sans bouger, entre les draps blancs. Mais finalement, il a murmuré qu'il était très fatigué parce qu'il était là depuis longtemps. J'ai remarqué que, sous les bandages, il portait une chemise blanche et un pantalon de serge bleue.

« La nuit est tombée et la pièce s'est assombrie. Alors, je me suis assis près de lui et je lui ai suggéré qu'il s'assoie sur le bord du lit, ou qu'il essaie de se mettre debout ; il se sentirait mieux ainsi. Il a soupiré et a dit qu'il ne croyait pas que cela lui ferait du bien :

"J'ai tout essayé et rien ne semble me soulager."

« Puis, à ce moment, notre mère a traversé la porte et

s'est approchée du pied du lit. Elle était morte depuis quelques années, ce que je savais clairement au moment où je la voyais. Elle portait une longue robe blanche qui tombait des épaules jusqu'au sol. Elle semblait avoir écouté notre conversation. Hochant la tête, elle nous dit :

"Il n'y a rien à faire, rien ne peut aider en ce moment. Mais ne vous inquiétez pas, cela se réglera sous peu." Sur ces mots, elle est repartie.

« La nuit avançait. Puis, mon frère et moi avons vu le soleil se lever sur une nouvelle journée. J'étais assis immobile près de son lit, comme si je le veillais. Finalement, mon frère dit :

"Je ne peux plus endurer cela. Je suis fatigué d'être ici, étendu tout le temps ; je préférerais être mort."

« Chancelant sous l'effort, il réussit enfin, grâce à mon aide, à s'asseoir au bord du lit. Lorsqu'il se leva, il chancela de gauche à droite. Puis, il se mit les bras en croix. Maintenant ainsi son équilibre, il traversa la porte, puis il laissa tomber ses bras et disparut sans jeter un seul regard derrière lui.

« Ce fut la fin du rêve. On dit que les rêves ne durent que quelques minutes ; eh bien ! en ces quelques minutes, j'ai vécu deux jours et une nuit tout aussi réels que n'importe quelle journée de ma vie !

« Une semaine plus tard, j'apprenais que les funérailles de mon frère avaient eu lieu avant même que l'on ait pu m'en avertir. Mon frère était mort dans un sanatorium, de l'Ouest du Manitoba, alors que je demeurais à Winnipeg. Je tiens à faire remarquer que durant toute sa vie, il s'était dit athée. »

Dans les laboratoires de rêves, comme le *Centre Médical de Maïmonides* à Brooklyn, New York, les scientifiques ont prouvé que la télépathie (le fait que la pensée peut voyager d'un esprit à un autre) est un facteur dont on doit tenir compte dans l'analyse des rêves. Ce laboratoire a été fondé, en 1962, par le psychanalyste Montague Ullman. Dès 1969, les scientifiques avaient réalisé huit expériences qui démontraient toutes que l'esprit est très réceptif aux nouvelles idées, pendant le sommeil.

Les premières expériences se sont déroulées avec une équipe de trois enquêteurs qui remplirent les rôles, l'un de l'observateur, l'autre du sujet ou rêveur et le troisième, celui du transmetteur ou agent.

L'observateur passait la nuit près du sujet endormi. Sachant que le mouvement rapide des yeux (REM) coïncidait avec l'état de rêve, il le réveillait immédiatement après et lui demandait de raconter en détail le contenu de son rêve.

Pendant ce temps, dans une autre pièce, l'agent essayait de transmettre des « cibles » au dormeur. Dans ce cas particulier, on avait choisi pour cibles des reproductions d'œuvres d'art. Pour transmettre la « cible », l'agent regardait une reproduction, en faisait des dessins et notait par écrit tout ce qu'il associait à cette œuvre. Toutes les reproductions étaient choisies au hasard et l'agent ne prenait connaissance de leur contenu que lorsque le sujet s'était endormi. Les extraits de rêves notés par les divers sujets ont démontré qu'il y avait une forte concordance entre les rêves et les « cibles » transmises par l'agent et donc, un taux de réceptivité significatif.

De plus, on remettait aux sujets, le lendemain, un grand choix de reproductions parmi lesquelles ils devaient choisir l'œuvre d'art qui correspondait le plus à leur rêve. Lorsque les sujets ont comparé leurs rêves au vaste choix de reproductions offertes, les statistiques de concordance étaient là encore significatives.

Dans un cas, l'agent a transmis télépathiquement comme « cible », à une psychanalyste qui tenait le rôle du sujet, une œuvre de Sheets intitulée *Nuit Mystique*. On y voit cinq personnages féminins qui participent, dans un endroit boisé, à un rituel nocturne ; une teinte bleu-vert baigne les montagnes, l'herbe et le feuillage. Voici des extraits de son rêve :

« Je me trouvais avec un groupe de personnes ; nous devions participer à quelque chose. Il y a une femme. C'est en campagne. Je vois beaucoup d'arbres et de montagnes ressemblant à celles de *Bear Mountain* et c'est très très vert... le bleu... cette sorte. »

Le docteur Stanley Krippner, directeur de la recherche à *Maïmonides*, a décrit un test de projection de la pensée auquel 12 000 personnes ont participé. Le rêveur, une personne psychique bien connue, Malcolm Bessent, a dormi pendant six nuits consécutives dans le laboratoire des rêves où des techniciens ont contrôlé les REM.

À une distance de quarante-cinq milles, à Port Chester, New York, un groupe rock bien connu, les *Grateful Dead*, donnait une série de concerts devant une foule d'environ deux mille personnes chaque soir :

Le docteur Krippner rapporte que, sans avertissement, durant six nuits consécutives, les enquêteurs ont demandé à l'auditoire de participer à l'expérience : « Nous avons accompli la chose en projetant une série de messages sur l'écran derrière les musiciens. Voici les messages :

1. Vous allez participer à une expérience de perception extra-sensorielle.
2. Dans quelques instants, vous verrez une image.

3. Essayez d'utiliser votre perception extra-sensorielle pour transmettre cette image à Malcolm Bessent.
4. Il essaiera de voir cette image en rêve.
5. Malcolm Bessent est en ce moment au laboratoire de rêves de *Maïmonides* à Brooklyn.

« Puis, poursuivit le docteur Krippner, une différente reproduction d'une œuvre d'art fut projetée sur l'écran, chaque soir, durant 15 minutes.

« Chaque soir, Bessent fut réveillé et raconta son rêve.

« Nous avons enregistré les réponses et nous les avons numérotées. Les reproductions de tableaux ainsi que la transcription des rêves furent remises à deux "juges" indépendants qui ne connaissaient pas l'ordre de la projection. Nous leur avons demandé d'assortir les rêves et les reproductions. Ils le firent avec succès quatre fois sur six. S'il s'agissait d'une coïncidence plutôt que de la perception extra-sensorielle, les rêves n'auraient pu correspondre aux reproductions qu'une fois sur six.

« Il est clair, à la suite de cette expérience et de plusieurs autres que nous avons menées ces dernières années, que les personnes peuvent faire interpénétrer leur esprit de façon télépathique durant le sommeil. Nous ne pouvons dire encore de quelle façon ces pénétrations ont lieu. »

L'enquêteur patient peut trouver toutes sortes de preuves scientifiques pour vérifier le contenu de ce livre. Notre but, toutefois, est de procurer au lecteur une carte de route personnelle qui lui permettra de faire lui-même l'expérience du pouvoir des rêves. Il ne sert à rien d'encombrer l'ordinateur avec un excès de données intellectuelles, cela ne fait que renforcer sa domination plutôt que de libérer la psyché emprisonnée.

Les rêves prophétiques

Les rêves prophétiques sont ceux qu'on accepte communément comme étant d'origine divine. Si on les compare aux rêves personnels qui sont colorés de nuances sympathiques, on peut voir qu'ils reflètent un point de vue universel et empathique. Les rêves prophétiques sont probablement la plus ancienne variété connue de rêves psychiques. Le métaphysicien sait distinguer la subtile approche de l'esprit dans tous les rêves psychiques, mais il reconnaît que le rêve prophétique témoigne le plus manifestement de la Direction divine.

À notre époque, les rêves prophétiques nous rappellent naturellement les « anciens prophètes », ces patriarches illustres qui ont livré leur message en menaçant des feux de l'enfer. L'évolution des techniques pédagogiques a permis d'apporter quelques changements à ces méthodes, mais ces rêves ont toujours un fort impact émotif.

Tout âge, toute race et toute idéologie humaine a eu ses prophètes. Mahomet a clairement laissé entendre qu'il avait reçu l'essence du Coran en rêve et, jusqu'à ce jour, certaines sectes islamiques fondent leur direction spirituelle presque exclusivement sur l'analyse des rêves.

La tradition judéo-chrétienne a eu une abondance de prophètes qui savaient interpréter les rêves. Dans les *Nombres* 12:6, le Seigneur dit : « S'il y a parmi vous un prophète, c'est en vision que je me révèle à lui, c'est dans un songe que je lui parle. » La *Genèse*, elle, est remplie de citations qui expliquent comment l'ange du Seigneur est venu « en rêve, la nuit », porter conseil et avertissement au peuple hébreu. Les anciens Grecs et Égyptiens étaient, eux aussi, très conscients des rêves.

Une des prophéties oniriques les plus remarquables

qui aient été rapportées fut reçue en l'an 1559 par une dame du Yorkshire, en Angleterre, connue sous le nom de mère Shipton. Elle se traduit à peu près comme suit :

« Une maison de verre sera construite en Angleterre, mais
[hélas,
Une guerre suivra dans le monde, au pays du Turc
Et état après état en combat luttera violemment pour sa
[vie.
Il y aura des voitures sans chevaux et les accidents
[occasionneront des peines partout.
À Londres, Primrose Hill sera le centre du siège épiscopal.
La pensée volera à travers le monde plus vite qu'en un clin
[d'œil.
Les hommes voyageront à travers les montagnes assis ni
[sur cheval ni sur mulet.
Sous l'eau ils marcheront, se promèneront, dormiront et
[parleront.
Le fer sur l'eau flottera, aussi aisément que bateau de
[bois.
Dieu sera découvert et révélé dans une terre encore
[inconnue.
Eau et feu feront merveilles. Et l'Angleterre admettra un
[Juif.
Trois fois, la douce France dansera une danse sanglante.

Avant que son peuple soit libre, trois tyrans verra-t-elle,
Chacun issu d'une autre dynastie. Et le dernier grand
[combat gagné,
Angleterre et France seront comme un. Et maintenant un
[mot sans rime
Sur ce qui adviendra plus tard encore.

Les femmes auront des goûts bizarres, comme hommes
[elles s'habilleront et pantalons elles porteront.
Leurs beaux cheveux elles couperont et impudentes à
[cheval se promèneront
Comme le font les sorcières sur manche à balai maintenant.

Leur amour dépérira et mariage cessera. Enfants et bébés
[allaités diminueront.
Les épouses préféreront les chats et les chiens.
En 1896, construisez votre maison de bois pourri
Car de grandes guerres seront complotées et le feu et
[l'épée balaieront la terre.
Et ceux qui vivront cette fin de siècle, en crainte et peur, ils
[vivront,
Fuyez aux montagnes et dans les vallons, aux marécages,
[aux forêts et gîtes sauvages,
Car tempêtes se lèveront et les océans rugiront.
Gabriel se tiendra sur rive et mer
Et lorsqu'il sonnera de sa trompette, de vieux mondes
[crouleront et de nouveaux s'élèveront.
Dans les airs on verra des hommes en noir, en blanc,
[et en vert.
Bizarre peut-être mais vrai ; cela sera. Le monde sera
[bouleversé ».

La vision et l'étendue du temps couvert par ce poème
sont vraiment remarquables. Le verre était alors un luxe
d'homme riche et pourtant, le *Palais de Cristal* fut
construit pour la grande Exposition de 1851 et détruit en
1941, parce qu'il était un point de repère pour les
avions ennemis. Puis, l'automobile, ou « carosse sans
cheval », est apparue. Il y a cinquante ans à peine,
Primrose Hill, situé à deux milles de Londres était encore
un site rural et enchanteur, comme son nom l'indique,
mais il fut finalement absorbé par la métropole.

L'idée d'une union entre la France et l'Angleterre dut
sembler totalement absurde jusqu'à récemment, lorsque
le Marché Commun fut formé. Ce qui explique sans
doute pourquoi Madame Shipton a vu le monde renversé.
L'évacuation des villes durant la deuxième guerre
mondiale est décrite en détail. De vieux pays disparurent.
De nouvelles nations furent formées. Des hommes sont

descendus en parachute, habillés de kaki, quelquefois de blanc et de noir pour être plus aisément identifiables. Le bombardement aérien peut très facilement être décrit comme une « tempête » et les explosions atomiques souterraines ont certainement fait « rugir » les océans.

Le but des rêves prophétiques semble être d'avertir et de guider les terriens. Avant d'attacher de l'importance aux « prophéties » modernes, il est sage d'examiner le passé de l'individu afin de voir si la lumière divine n'a pas été déformée par la programmation de l'ordinateur.

Nous imaginons, pour expliquer ce concept, une Sphère centrale de Lumière, de Vérité et de Sagesse. Le psi lui-même est comme un miroir qui réfléchit cette lumière sur le miroir de l'identité. Mais, si les évidements de la survivance, de la sensation et du sexe ne sont toujours pas remplis sur le miroir de l'identité, celle-ci ne peut réfléchir fidèlement la lumière, qui plus est, pour que la lumière descende au niveau bêta, ou niveau sémantique[1], elle doit passer à travers l'ordinateur. Ce processus moule le pur concept original à un niveau plus concret et détaillé, mais n'oublions pas que c'est l'ego qui fournit les détails et qui colore le thème selon ce qui lui « plaît » ou lui « déplaît ».

Il serait naïf d'accepter la « prophétie » moderne sans en examiner attentivement les données qui s'y rapportent.

Les rêves créateurs

On peut raisonnablement conclure que la dimension terrestre a été éclairée et illuminée au moyen des rêves créateurs plus que par tout autre moyen. Les artistes surpassent les prophètes en ce qui a trait à l'importance

---

1. La sémantique est la science du langage.

de l'inspiration et des pouvoirs d'interprétation de la Sagesse divine.

Peter Pan, Aladin et la lampe merveilleuse, La Belle au Bois Dormant, le Livre de la jungle, Alice au pays des merveilles et une grande quantité d'autres livres de « fiction » sont pleins de sens pour l'étudiant en ésotérisme. Platon n'était pas plus grand interprète de la communication interdimensionnelle que Hans Andersen. Les concepts sont merveilleux, mais c'est sûrement la conquête ultime que de réussir à les rendre compréhensibles à un enfant, de prendre la réalité et de la rendre digestible.

Lorsque Loliad m'est apparu, au début, il me faisait lire et relire certains passages de saint Paul, en particulier ces lignes de la première épître aux *Corinthiens*, chapitre 14 : « J'aime mieux dire cinq mots avec entendement que dix mille dans une langue inconnue. » Il est en effet difficile de traduire les concepts sans mettre trop ou trop peu d'accent sur un aspect ou l'autre du tout. Les mots sont des instruments très gauches, du moins entre les mains d'un amateur. Les rêves créateurs sont si complets, si totalement fascinants qu'il est aussi difficile de les traduire par écrit que de transmettre les mouvements d'une symphonie à l'aide de courbes de pression d'air et de petits points noirs. Toutefois, il est inutile de se plaindre du fait que l'ordinateur soit inadéquat. C'est une dépense inutile d'énergie émotive, à moins qu'on ne soit prêt à investir temps et effort pour améliorer son fonctionnement. Puisque l'auteur n'en a pas le temps, il conseille au lecteur d'être tolérant ; c'est d'ailleurs une qualité qui mérite d'être cultivée en toutes circonstances.

Comme le père de famille rêve au bien-être des siens et de ses amis, comme la femme dont l'univers se limite aux frontières de son village prévoit des événements futurs qui le concerne, comme l'amant dans son sommeil va vers sa bien-aimée, comme le prophète qui a faim de Dieu y rêve, ainsi, la psyché mûre, altruiste, peut se baigner dans la vaste mer de la connaissance cosmique qui est accessible en rêve, aux individus créateurs. *L'histoire humaine abonde d'anecdotes qui attestent de la richesse illimitée de la connaissance originale accessible à celui qui cherche sincèrement :* médecin, écrivain, scientifique, poète, philosophe, ou artisan. Wagner a conçu l'ouverture de *L'Or du Rhin* dans un « merveilleux état de rêve » qui l'envahissait toujours lorsqu'il composait. Bien d'autres artistes et compositeurs ont rapporté des faits semblables. C'est en rêve que Samuel Coleridge a eu l'idée de son poème *Kubla Kahn*, qu'il avait originellement sous-titré : *Une vision de rêve.*

William Blake était un apprenti graveur au moment où il a commencé à écrire de la poésie. Son frère Robert fut un compagnon intime, jusqu'au moment de sa mort, en 1787 et Blake est demeuré en communication avec lui en rêve. De cette façon, Robert a pu montrer à William une nouvelle technique de gravure à l'eau-forte, qui était cent ans en avance sur son temps et qui est aujourd'hui incluse dans les méthodes d'imprimerie modernes. Blake souligne maintes et maintes fois dans ses écrits qu'il se sentait toujours guidé par le Divin, dans son œuvre.

Charles Kingsley, aumônier de la reine Victoria, qui était profondément touché par le sort des classes opprimées, montre de fortes caractéristiques oniriques dans son histoire classique *Les bébés d'eau.*

Alice au pays des merveilles, de Lewis Carroll, débute au moment où la jeune héroïne s'endort dans les champs, lors d'un chaud après-midi d'été. Il se déroule ensuite une série d'événements nettement oniriques, jusqu'au moment où Alice regagne le monde sensoriel. L'histoire de *Peter Pan* est assez semblable.

Frankenstein de Mary Shelley a commencé par un affreux cauchemar, tout à fait réaliste dans ses moindres détails. Cette histoire classique recèle un thème moral complexe, très pertinent à l'époque victorienne et encore aujourd'hui : celui d'élever des enfants dans un milieu sans amour.

Shelley, Wordsworth, Charles et Mary Lamb, Lord Byron... la liste des génies créateurs qui admettent volontiers que leur œuvre ne vient pas d'eux mais qu'elle leur est transmise par l'esprit, est illimitée.

Robert Louis Stevenson admettait ouvertement qu'il recevait en rêve l'intrigue de ses histoires. Dans son livre *À travers les plaines*, il explique comment, encore étudiant, il s'était mis à vivre une double vie. Prenant l'identité comme auteur, il menait une « vie de jour » et une « vie de nuit ». Et il avait toutes les raisons de croire que « l'une était vraie et aucune façon de prouver que l'autre était fausse. »

À mesure que son monde onirique s'est développé, il fut peuplé par la petite gent comme il l'explique : « Ce bonhomme honnête avait depuis longtemps l'habitude de s'endormir en se racontant des histoires... mais c'étaient des inventions innocentes, racontées pour le plaisir de raconter, sans s'inquiéter du public vulgaire ni du critique acerbe... De sorte que la petite gent qui dirigeait le théâtre intérieur de l'homme n'avait pas encore reçu de formation rigoureuse. Elle s'amusait en jouant sur la scène, comme des enfants qui se seraient infiltrés dans une maison vide et non pas comme des comédiens professionnels qui jouent un morceau connu pour un vaste auditoire. Mais très vite mon rêveur voulut tirer parti de son ancien plaisir de raconteur ; c'est-à-dire qu'il se mit à écrire et vendre ses histoires. Le voilà, lui et la petite gent accomplissant cette part de ses affaires, dans une toute nouvelle situation... Lorsqu'il se couchait, ce n'est plus l'amusement qu'il cherchait, mais des histoires qui pouvaient être imprimées et vendues et lorsqu'il s'endormait dans sa loge, sa petite gent poursuivait ses évolutions sous le même signe commercial.

« Lorsque la banque lui demande d'acquitter sa note, et que le boucher vient cogner à la porte, il se met à se creuser la cervelle pour trouver une histoire, car c'est là son gagne-pain. Et voilà ! la petite gent se met immédiatement à s'activer, et travaille toute la nuit, et toute la nuit elle étale devant lui, sur le théâtre illuminé, des histoires à bâtons rompus... Souvent, le réveil est une déception : il a eu le sommeil trop profond... c'est ainsi que je me l'explique ; la somnolence a gagné sa petite gent ; ils ont divagué dans leurs rôles ; et la pièce, pour un esprit éveillé, semble être un tissu d'absurdités. Pourtant, ses lutins infatigables lui ont rendu maints et maints services honnêtes et lui ont fourni, comme il prenait désinvoltement plaisir dans sa loge, des histoires supérieures à celles qu'il aurait pu inventer lui-même. Plus j'y pense, plus je dois adresser cette question au monde entier : Qui est-elle, cette petite gent ?

« Que puis-je dire, sauf qu'ils sont mes lutins et que Dieu les bénisse ! Ils font la moitié de mon ouvrage quand je dors profondément et, sans doute, l'autre moitié aussi, quand je suis éveillé et que je me complais à croire que je la fais moi-même... Quant à moi, c'est-à-dire, JE, mon ego conscient, l'habitant de la glande pinéale (à moins qu'il n'ait changé de résidence depuis Descartes), cet homme qui a une conscience et un compte en banque qui varie, celui qui porte chapeau et bottes et qui a le privilège de voter pour ou contre un candidat aux élections, il me tente quelquefois de supposer qu'il n'est pas conteur du tout, mais une créature tout aussi pratique qu'un marchand de fromage... un réaliste de la tête aux pieds... Je ne puis vous donner qu'une vague idée de ce qui se fait au cours du sommeil et de ce qui se fait à l'état de veille et je dois laisser le lecteur libre de partager les honneurs comme il le voudra, entre moi et mes collaborateurs. Je vais essayer de vous l'expliquer, en utilisant l'exemple d'un livre bien connu que j'ai écrit, *Docteur Jekyll et Monsieur Hyde*. Je voulais depuis longtemps écrire une histoire sur ce sujet. Je cherchais un véhicule qui traduirait ce sentiment profond de la dualité de l'être humain qui parfois frappe et submerge l'esprit de chaque être pensant. J'avais, de fait, déjà écrit une telle histoire, *Le compagnon de voyage*. Elle me fut renvoyée par l'éditeur qui m'a fait savoir que c'était une œuvre de génie et indécente. Je l'ai brûlée, l'autre jour, parce que ce n'était pas du tout une œuvre de génie et que *Jekyll et Hyde* l'avait supplantée. Puis, vint une de ces périodes de fluctuation financière dont je n'ai parlé, jusqu'à ce jour qu'avec une élégante modestie, à la troisième personne. Pendant deux jours, je me suis cassé la tête à imaginer une intrigue. Mais le second soir, j'ai rêvé la scène de la fenêtre, puis une autre scène, en deux parties, lors de laquelle Hyde, qu'on poursuit pour ses crimes, prend la potion et se métamorphose sous les yeux de ses poursuivants. Tout le reste fut composé de façon consciente à l'état de veille, quoique je peux y déceler l'influence de mes lutins. »

D'un point de vue métaphysique, les caractères du docteur Jekyll et de monsieur Hyde sont un exemple parfait des deux composantes de chaque personnalité individuelle : le psi et l'ego.

Les rêves créateurs n'appartiennent pas uniquement

aux artistes. Ils peuvent offrir de nouvelles idées de décoration intérieure, des solutions aux problèmes de la vie quotidienne, des révélations personnelles et une amélioration de sa propre efficacité. Souvent, ils sont liés à cette dernière catégorie de rêves psychiques que nous allons examiner et que nous qualifions très généralement : relations entre dimensions. Évidemment, il y a souvent un contenu psychique varié dans les rêves, mélangé aux nuances caractéristiques des accessoires et de l'imagerie de l'ego, qui sont toutes utilisées pour transmettre le message fondamental.

Les relations entre dimensions

Dans cette catégorie, nous retrouvons le cas de William Blake qui a maintenu un contact avec son frère Robert. En outre, un de nos premiers étudiants jamaïquains nous a fait parvenir cette histoire : « Jean T., un ami et ouvrier illettré, est venu me voir il y a plusieurs années, pour m'emprunter $50. Il a promis d'acquitter sa dette en trois mois. J'ai considéré sa proposition et nous avons décidé de nous associer.

« Ce fut le début de ma carrière de manufacturier et elle fut prospère. Certes, cela requiert beaucoup de travail, de longues heures et vous empêche d'avoir d'autres intérêts ; mais notre affaire fut florissante. Notre commerce était fondé sur un service amical et honnête envers tous et Dieu l'a béni. Durant ce temps, cependant, Jean T. s'est montré malhonnête et il est parti. De temps en temps, il revenait demander une aide qu'il obtenait chaque fois.

« Cela faisait plus d'un an que je n'avais revu Jean, lorsque soudain, une nuit, je fis un rêve au cours duquel il est venu me visiter. Il a décrit en détail un certain procédé que je devrais utiliser pour améliorer mon produit. Il m'a également donné le nom d'une matière première que je devais obtenir en Italie. Je me suis réveillé et deux heures ont sonné. Le rêve était si clair que je m'en suis souvenu le lendemain et je l'ai décrit à plusieurs personnes.

« Plus tard, au cours de cette journée, quelques membres de la famille de Jean sont venus me demander de contribuer au coût de ses funérailles. Il était mort vers deux heures du matin.

« Je ne suis pas très conscient de mes rêves et il n'y avait aucune raison pour que mon esprit soit préoccupé à ce moment par ce procédé de production. Je n'avais d'ailleurs jamais ouï-dire que le procédé pouvait être utilisé de cette façon, ni que la matière pouvait être obtenue en Italie.

« Je crois sincèrement qu'avant sa mort, Jean T. ne connaissait ni la méthode ni l'endroit où se procurer le matériel. L'Italie, pour lui, existait à peine.

« Le procédé a fonctionné à merveille et il est utilisé maintenant avec cette matière première qui provient de l'Italie, à mon entière satisfaction.

« Je peux prouver tous ces faits. »

Le mythe persistant que la mort est une fin peut être réduit à néant par quiconque met un peu de temps et d'effort à le vérifier.

Au moment où j'écris ce livre, l'intensité du soleil augmente chaque jour. Les gens de l'Occident vont bientôt célébrer l'équinoxe de printemps en observant le *Phénomène palestinien*, un exemple classique de l'inter-action des dimensions au cours de laquelle un psi hautement évolué est revenu sur terre rassurer ses amis que l'identité n'était pas morte, mais bel et bien « res-suscitée. »

Puisque nous projetons d'écrire tout un livre sur la survie de la personnalité humaine après la mort, il serait superflu d'en donner ici trop de détails. Il suffit de dire que de très bonnes communications avec nos chers défunts sont un des aspects les plus satisfaisants des rêves créateurs.

Le vieux dicton, « l'amour est plus fort que la mort », est nettement corroboré par cet aspect des rêves psychiques. Le métaphysicien, cependant, cherche à acquérir une appréciation globale des expériences de vie et des leçons enrichissantes et variées qu'offre l'analyse des rêves ; il cherche à utiliser ces expériences inter-dimensionnelles pour améliorer sa communication avec son guide.

CHAPITRE 5

LES RÊVES CHEZ LES ANCIENS

Le grand et le petit sommeil

En Atlantide, l'homme avait une conception bien différente du but du sommeil et des rêves. Nous nous intéressons à cette ère parce qu'elle constitue un exemple typique de la croissance et du déclin éventuel de notre propre civilisation moderne.

Au début de l'ère atlante et au cours de la période atlante moyenne, l'homme accordait une grande importance à l'aspect prophétique des rêves. Durant cette époque, les techniciens et technocrates ont accédé au pouvoir. Ils étaient capables de reproduire plusieurs fonctions du cerveau humain et ils avaient même des machines qui pouvaient reproduire l'aura. L'importance accordée à la logique technique de l'ordinateur avait remplacé la connaissance des anciens sages. Malgré les avertissements répétés de la part des « rêveurs », les technocrates continuèrent à pousser leurs explorations dans le domaine de « l'antinature ». Il en résulta un cataclysme terrible, qui vint anéantir toute leur civilisation.

Il est difficile de donner une description adéquate de l'attitude de ces premiers Atlantes. Le seul équivalent moderne, à ma connaissance, de la mentalité atlante se trouve chez une tribu d'Indiens nord-américains qui ont vécu près de *God's Lake*, au Manitoba, au début du siècle. Ils nommaient Dieu : Kitche Manitou. Mais ils utilisaient bien plus souvent un autre mot, qui signifie « Je suis. »

Ils considéraient les activités ordinaires de la vie quotidienne comme illusoires. Le « Je suis » était la seule chose qui avait de l'importance.

Si, par exemple, Billie s'en allait à la chasse ou à la pêche, il disait : « Billie s'en va à la chasse », comme si Billie n'était qu'une partie de lui-même et non pas le vrai lui.

Ou, si Billie n'avait pas mangé depuis plusieurs jours, il venait au magasin et disait à mon mari : « Billie a très faim, Keeum namona manto ». Keeum namona manto, qu'il prononçait un peu en chantant, est une expression assez difficile à traduire. Cela signifie à peu près : « Ça ne fait rien » ou « Ce n'est que le moi illusoire ». Bien que le « Je suis » avait une grande sympathie pour le petit Billie qui avait faim, il n'était jamais porté à prendre l'illusion ou l'enveloppe mortelle pour la réalité.

N'ayant pas accès à la psychologie moderne, à la philosophie ou à la théologie, l'homme primitif avait cependant une compréhension de la réalité qui dépasse de beaucoup celle de l'homme moderne.

La mort était « le grand sommeil », le retour définitif à la dimension réelle du « Je suis », au paradis du grand Chasseur. Le rêve était « le petit sommeil », au cours duquel le « Je suis » allait, temporairement, rendre visite au paradis du grand Chasseur.

Tout comme les premiers Atlantes, ce peuple indien reconnaissait que le « Je Suis » faisait partie de l'essence composée de tous les êtres. Si Billie avait besoin d'un arbre ou d'un orignal ou de quoi que ce soit dans les grandes réserves du Kitche Manitou, il commençait par saluer le « Je suis » ou l'esprit de l'arbre. Après une invocation convenable, il abattait l'arbre avec le plus grand respect.

Son attitude se manifestait ainsi : « Je te salue, esprit de l'arbre. Quel magnifique arbre tu as ! Billie a besoin de cet arbre pour construire sa maison. Mon "Je suis" communie avec ton "Je suis". Ô esprit de l'arbre, donne à Billie ton arbre pour sa maison ». Le respect et l'amour pour l'esprit de la nature peuvent aussi être vécus dans les détails de notre vie quotidienne.

Il est difficile d'exprimer la joie et le sentiment de communion et d'unité avec l'univers, que transmet cette attitude. Ainsi, je viens tout récemment de commander chez Eaton un broyeur, car cette petite machine déchiquette les déchets, les feuilles, tous les résidus décomposables et les rend utilisables comme engrais organique. N'oubliez jamais que la métaphysique est une façon de vivre et pas un lot de livres.

Si, par exemple, je m'adresse gentiment à mon plant de tomates, l'esprit de la plante sera ravi de m'offrir son fruit. La science confirme ces faits. Si, par contre, les plantes sont traitées purement et simplement comme des objets bons à être pillés, tous les deux, le plant de tomates et moi, nous perdons quelque chose de très précieux et l'aura de la terre en est appauvrie.

Tout comme dans ses rêves, le « Je suis » de Billie se mêle à l'esprit de l'arbre ou de l'orignal, de même, mon

« Je suis » devient un avec l'esprit du plant de tomates, car toutes les limites se sont effacées. Le véhicule charnel est restreint par la loi mortelle du temps et de l'espace ; mais l'esprit ne connaît aucune limite.

Cher lecteur, si jamais vous avez l'occasion de visiter un poulailler, une porcherie moderne, ou tout autre endroit où l'on enferme et élève cruellement les animaux, essayez de leur transmettre cette émotion : « Bonjour ! Je te salue, esprit du poulet ; je te salue, esprit du porc, nous sommes un. Mon psi vous salue. Les conditions inhumaines dans lesquelles vous vivez m'attristent énormément, mais nous travaillons à changer ces conditions. L'homme s'illusionne ; il est emprisonné dans une fantaisie de données et de faits extérieurs. Mais il va bientôt se réveiller et l'harmonie de toute chose sera rétablie de nouveau sur la terre, et son esprit retrouvera sa santé ».

Dans un livre ultérieur, nous donnons de plus amples détails sur les liens possibles entre l'Atlantide et la civilisation indienne de l'Amérique du Nord. Nous rappelons la légende de « l'oiseau de tonnerre » qui décrit comment le grand Kitche Manitou est venu emporter son peuple dans les airs pour le transporter jusqu'au continent nord-américain. « L'oiseau de tonnerre » est une description assez juste d'un vaisseau spatial. Et il semble fort possible que l'attitude que les Indiens témoignaient vis-à-vis des rêves leur ait été également transmise par cette même source.

Le concept de l'Éden

L'Atlantide, en somme, c'est le concept métaphysique de l'« Éden » : un jardin originel qu'habitait une race d'une grande sagesse et d'une douceur enfantine, qui glorifiait chaque aube nouvelle et qui était éveillée aux merveilles d'une nature qui leur accordait richesses et bienfaits.

Parce qu'ils étaient chaleureux, sans inhibition et qu'ils ne connaissaient ni la cupidité, ni la menace, l'ego n'était pas pour eux un obstacle entre le psi et l'identité. Aussi leurs rêves étaient-ils de nature psychique, précognitive, postcognitive, clairvoyante, prophétique et créatrice. Ainsi, le courant de l'intelligence créatrice universelle avait libre cours et pouvait pénétrer la dimension plus élémentaire de la matière, de sorte que tout le monde était heureux et satisfait.

Mais peu à peu, les « intellectuels » se sont appropriés la simplicité émotive des rêves et ont fait de l'analyse des rêves un système officiel, déformant et colorant les messages oniriques pour parvenir à leurs propres fins. C'est ainsi que s'est fondée la prêtrise, cet ordre de grands-prêtres qui prétendaient servir d'intermédiaire entre l'Esprit avec un grand E et les esprits. Ils prétendaient posséder des pouvoirs plus vastes et une connaissance plus profonde que les simples paysans et, peu à peu, à travers la période atlante moyenne, ils affermirent leur pouvoir sur le peuple. Ils enseignèrent à la masse leurs propres concepts qui exaltaient les réalités extérieures, les cérémonies et les défilés et qui prônaient un rituel complexe comme le seul moyen de communiquer avec la Déité. Ils s'instaurèrent comme les interprètes suprêmes des rêves, inconscients de l'usurpation progressive du contenu des rêves par l'ego.

Un passage biblique déclare : « À moins que vous ne deveniez comme des petits enfants, vous ne verrez pas le royaume des cieux ». De la même façon, on portait, en Atlantide, un grand respect aux enfants rêveurs, ceux qui n'avaient pas encore atteint l'âge de la puberté.

On croyait qu'au cours du sommeil, le « Je suis »

quittait le corps et partait à l'aventure dans l'univers, pour voir de nouvelles scènes et apprendre de nouvelles leçons. Lorsque le « Je suis » regagnait son enveloppe mortelle, le véhicule pouvait alors profiter des connaissances que le psi avait acquises. En temps de famine, si les gens, en se réveillant, se souvenaient d'avoir festoyé ou d'être allés à la pêche durant leurs rêves, ils croyaient que leur psi avait réellement accompli ces choses.

Mais parce que le contenu freudien de leurs rêves était généralement minime et parce qu'ils croyaient fermement que le « Je suis » était l'unique réalité, ils se sont un peu trompés sur ce point. La crise d'adolescence, l'éducation formaliste et quelques éléments de peur envahirent la pureté originelle de leurs rêves psychiques.

Aujourd'hui encore, le sorcier primitif considère que toute maladie est causée par un psi malade. Le traitement consiste donc à chasser les esprits rebelles et malicieux qui viennent troubler le « Je suis » du patient. La chute de la civilisation atlante a commencé lorsque le peuple s'est mis à croire qu'il existait de bons et de mauvais esprits. Cela s'est produit parce qu'on n'a pas compris ni vu le développement croissant de l'ego dans l'ensemble de la personnalité.

Prenons un jeune homme qui se sent menacé par ses supérieurs, mais qui n'est pas conscient de cette peur, un jeune guerrier qui reçoit une remontrance du chef de la tribu, par exemple. L'ego pourra alors prendre cette menace inconsciente et fabriquer un rêve au cours duquel le jeune guerrier se bat avec le chef de la tribu ; il en sort victorieux et saisit le pouvoir. Si le jeune guerrier se méprend sur la nature freudienne de ce rêve et croit qu'il est précognitif, il pourra continuer longtemps à entretenir cette illusion. Son ego saisira alors toutes sortes de faits et les accommodera à cette fausse vision, jusqu'à ce qu'il essaie même d'actualiser le rêve, avec des résultats soit positifs soit très négatifs.

Les anciennes croyances et les dangers de l'interprétation des rêves montrent clairement que le métaphysicien doit connaître à fond le fonctionnement intérieur de l'ego avant de s'embarquer dans l'analyse des rêves. Afin d'éviter les erreurs des anciens, nous enseignons à nos étudiants de tenir un journal de rêves avec une précision minutieuse. Nous leur demandons une seule chose : identifier le rêve comme freudien, rétrogressif ou psychique, ce qu'ils font en inscrivant dans la marge, « F », « R » ou « P », à côté du rêve. Il se peut aussi que ce soit une combinaison telle que F/R ou R/P. On leur conseille aussi de dater tout rêve psychique et de le faire signer par une autre personne. Celle-ci n'a pas besoin de lire le rêve, mais elle confirme par sa signature que le rêve fut écrit à telle ou telle date. On laisse un espace blanc sous le rêve pour y ajouter une vérification si l'événement a lieu. Dans le cas d'un rêve précognitif, par exemple, on noterait la date où l'événement eut lieu par rapport à la date indiquée dans le cahier de rêves. L'application constante de cette méthode permet à l'étudiant de développer un sens du temps émotif. Le temps émotif est fondé sur l'intensité de l'impact créé par le rêve. Était-ce une ondulation petite, moyenne ou importante ? Le sens du jugement se précise avec l'expérience.

L'homme primitif savait que le psi, ou l'esprit, et le physique s'interpénétraient et que le psi pouvait également quitter le physique pour se livrer à ses activités personnelles. Il traitait le rêve et la maladie de la même manière. Le sorcier, l'interprète des rêves et le théologien de la tribu étaient une seule et même personne, souvent une sage-femme, qui formait elle-même ses successeurs aux arts occultes. On croyait aussi que les esprits des ancêtres vivaient dans les environs du village, souvent dans les arbres et qu'ils étaient en interaction constante avec les membres de la tribu afin de veiller à leur prospérité. Dans certaines régions du Congo, on chasse les mauvais esprits en faisant battre les tambours. Souvent, le sorcier est accompagné de tous les jeunes de la tribu. Lorsqu'un individu est malade ou inconscient (c'est-à-dire endormi), on croit que son esprit a quitté le corps. Il faut donc capturer l'esprit et le retourner au corps, si on veut que la personne se rétablisse. On demande alors à tous les hommes de la tribu de battre le tambour. Ils forment un large cercle qui, petit à petit, se resserre afin d'encercler l'esprit et de limiter sa liberté. Peu à peu le cercle se referme autour d'un arbre et au moment psychologique, le sorcier aperçoit le psi rôdeur caché au faîte de l'arbre. À ce moment-là, les hommes les plus forts de la tribu coupent la branche principale sur laquelle l'esprit repose. On apporte alors la branche dans la hutte du malade et, suivant un rituel préétabli, on incite l'esprit à regagner le corps. Cela pouvait durer quelques heures ou plusieurs jours, selon l'entêtement de l'esprit.

En 1973, on a découvert la tribu primitive des Tasaday de Mindanao, qui s'est maintenue totalement isolée pendant des siècles. Ce peuple vit dans une immense forêt vierge dont les grands arbres forment une espèce de toiture qui recouvre leur monde humide et obscur. Leur isolement est tel qu'il n'existe aucun mot dans leur langue pour décrire ces réalités que sont les lacs, les champs, les constellations, etc., mais presque tous les aspects spéciaux de leur forêt ont un nom. Ils croient que les esprits des morts habitent dans les arbres avec les dieux et qu'ils communiquent avec les vivants par les rêves et qu'ils les aident à assurer leur subsistance.

Les Tasaday n'ont apparemment aucun rituel. Leurs croyances religieuses sont peu développées, comparativement à celles des peuples agricoles avoisinants et elles sont centrées principalement sur les relations qu'ils entretiennent avec les morts. Les scientifiques ont cependant noté l'intensité des liens affectifs qui unissaient tous les membres du groupe et les signes d'affection et d'intimité profondes qui existaient entre les membres.

Le don des langues

Le «don des langues» n'est pas une expérience inhabituelle à l'état de sommeil. Le langage utilisé au cours de ce phénomène est inconnu de la personne à l'état conscient normal. Ernest, le médium de notre famille, se lance fréquemment dans de longs discours en chinois, au milieu de la nuit. J'utilise le terme « chinois » à cause du rythme et de l'intonation chantante des mots ; et le timbre diffère beaucoup du timbre habituel de sa voix. Après l'avoir questionné patiemment, en pidgin, pendant plusieurs semaines, le visiteur se présenta enfin, sous le nom de Mah-Tong. Voici la conversation qui s'ensuivit :

« Moi Barton, et toi ?... et enfin...

« Mah-Tong, Mah-Tong. »

« Bonjour Mah-Tong. »

« Bonjour Bah-Tong. »

Ce fut très instructif. Loliad m'expliqua ce phénomène simplement. Lorsque le psi est libéré pour la première fois de son enveloppe mortelle, soit en rêve soit en projection astrale, il est comme un petit enfant, curieux de connaître tout ce qui existe dans la dimension éthérée. On peut en effet imaginer quel plaisir aurait un

Tasaday à allumer la radio, à regarder la télé, à jouer du piano, à sentir des épices, etc.

Après avoir rendu plusieurs visites à la dimension éthérée, le psi a hâte de rendre la pareille, en offrant son hospitalité terrestre. Tous les esprits-amis du psi sont très fiables et traitent l'enveloppe mortelle avec le plus grand soin et respect. Une fois que les peurs se sont dissipées et que le psi s'est familiarisé avec la salle de contrôle du véhicule, il est très heureux d'y inviter ses amis éthérés. Imaginez le plaisir qu'aurait un terrien d'il y a 3 000 ans, à se rappeler le fonctionnement de l'ordinateur cérébral. Les cordes vocales familières, le battement du cœur familier, les anciens traits du visage... tous ces phénomènes se produisent pendant que l'esprit «possède» le corps de son hôte.

Au cours de la deuxième guerre mondiale, à l'âge de seize ans, j'ai fait ma première expérience de ce phénomène. Toutes les femmes et les enfants avaient été évacués de Londres dont ma mère, ma demi-sœur aînée et ses enfants, tout l'élément féminin de la famille. Mais puisque j'attendais d'être admise dans le « A.T.S. », je suis restée dans notre demeure avec mon beau-frère, Fred Feakins qui, lui aussi, attendait son admission dans les forces armées. Nous nous blottissions sous l'escalier pendant les bombardements, jusqu'au moment où nous devions nous réfugier dans les abris anti-aériens.

Depuis longtemps, on racontait que Fred était un « médium ». Selon ma mère, cependant, c'était un sombre défaut dont toute la famille de Fred était affligée puisqu'ils étaient tous des spiritualistes. D'après maman, un spiritualiste était un païen qui s'était fourvoyé et qui fréquentait des esprits mauvais, ce qui, à mes yeux, y ajoutait un attrait bien spécial. Je suppose que Fred avait été bien prévenu de ne pas me « contaminer », mais après que je l'eus harcelé pendant plusieurs heures, il consentit enfin à se mettre en transe. Il avait acquis cette faculté vers l'âge de quatorze ans et avait la réputation d'être un excellent instrument pour l'Esprit.

La scène était idéale. À l'extérieur on entendait le bruit des bombardements qui se mêlait au tir constant de la D.C.A. à l'intérieur, seule la faible lumière de la cuisine éclairait cette maison que notre famille habitait depuis cent ans.

Les résultats ont dépassé toutes mes attentes. Après quelques contorsions du plexus solaire, Fred disparut et un étranger se trouvait assis à mes côtés : ses traits étaient chinois et l'expression du visage et le timbre de sa voix tout à fait différents. Sa voix en effet était sévère, car il me grondait, me reprochait mon attitude légère et frivole. Je crois que son nom était Chiang. Il parlait d'un ton brusque, métallique, sévère et patient. Puis, un autre esprit vint pendant un certain temps. Elle s'appelait Alexandria ; elle me dit qu'elle était une de mes grands-tantes et qu'elle veillait sur moi. Par la suite, on a trouvé une photo d'elle à l'endroit précis qu'elle avait indiqué.

Quand Fred a retrouvé son état de conscience normal, il ne se souvenait aucunement de ce qui s'était déroulé. Nous avons eu, cependant, au cours des semaines suivantes, de longues conversations sur ses croyances et ses expériences avec les esprits. J'ai pu comprendre, plus tard, que tous ces souvenirs s'étaient effacés de la mémoire consciente, parce que notre préoccupation majeure en ce temps-là était de survivre et de nous rationner. Bien que nous nous soyons rencontrés à plusieurs reprises depuis cette époque, nous n'avons jamais parlé de Chiang. Ce ne fut que lorsqu'Ernest a commencé à avoir de telles expériences que le souvenir de Chiang m'est revenu. Aujourd'hui, les étudiants me disent souvent que les traits de mon visage changent lorsque j'enseigne. Au début, j'ai essayé d'écrire assise devant ma coiffeuse afin d'apercevoir dans la glace cet autre visage, mais cela n'a jamais réussi.

Peut-être vous demandez-vous quel rapport tout cela peut bien avoir avec les rêves des anciens ? Il existe un lien, pourtant. Les danses effectuées au rythme du tambour suscitaient des états de transe. Les danseurs étaient alors souvent visités par d'autres esprits, de sorte que le phénomène de la possession était bien connu des hommes primitifs.

Ils croyaient que lorsque le psi résident s'en allait dans le pays des rêves, d'autres esprits rôdaient dans les environs, n'attendant que ce moment pour venir occuper le corps du rêveur. Si, par la suite, l'expression du visage changeait, l'âme, à son retour du pays des rêves, était incapable de reconnaître son enveloppe mortelle et devenait une âme errante, pour toute l'éternité. Il existe plusieurs variations sur ce thème. En Malaisie, par exemple, si un homme en veut à un autre, il essayera de s'introduire dans la chambre de son ennemi, le soir et de lui peindre le visage afin de le rendre méconnaissable à l'âme, lors de son retour.

D'autres sociétés primitives croient que l'esprit est synonyme du « souffle de la vie » et pensent que le psi pénètre et quitte le corps par la bouche. L'*Institut de Métaphysique Appliquée* possède une très bonne collection de diapositives sur ce sujet. Une d'elles montre un sorcier qui pratique la respiration artificielle et essaie d'insuffler au malade ses pouvoirs guérisseurs. Au contraire un ennemi placerait une feuille sur la bouche de l'homme afin de bloquer le passage du psi lorsqu'il revient de ses aventures nocturnes.

Après la chute de l'Atlantide, seuls quelques vestiges éparpillés ont survécu dans les régions périphériques. Ils ont formé les plus anciennes civilisations de l'histoire moderne : péruvienne, maya, aztèque, inca et égyptienne.

Le rêve des dieux

L'analyse des rêves a joué un très grand rôle dans l'évolution de ces civilisations. Même aujourd'hui, au Musée National en Angleterre, il existe un papyrus égyptien qui date de plus de 2 000 ans avant J.-C. Il dresse une liste des deux cents différentes façons de stimuler et d'analyser les rêves. Et il préconise l'invocation sincère de Râ comme étant la meilleure méthode. Je crois d'ailleurs que c'est en effet la meilleure approche.

Tout comme les Chaldéens, les Égyptiens croyaient que la terre était plate et que quatre immenses piliers supportaient la voûte céleste, aux quatre coins de la terre. Selon eux, les étoiles se préoccupaient de ce qui se passait sur la Terre. Elles étaient comme des dieux doués de différentes caractéristiques et, lorsqu'elles traversaient les espaces célestes, leurs rayons influençaient tout ce qui existait sur terre.

Quand les hommes se sont mis à s'interroger sur la Déité, ils ont tourné leur regard vers les cieux et se sont mis à discerner certaines formes. Ils y voyaient des hommes, des animaux, des monstres, une épée, un bélier, un poisson, un scorpion, des épis, etc.

Parmi ces formes, douze ressortaient à cause de leur éclat supérieur. Elles étaient disposées dans l'horizon céleste, le long du passage du soleil et veillaient sur son trajet quotidien à travers les cieux. Ces constellations divisaient la trajectoire du soleil en territoires (ou maisons) où les seigneurs des planètes régnaient et aucun autre dieu ne pouvait traverser leur domaine sans leur consentement.

Ces douze constellations sont connues sous le nom de « zodiaque » et ce concept fut transmis aux Grecs qui l'ont utilisé dans leur mythologie complexe. Les cartes astrologiques modernes sont basées sur la version grecque, mais on peut retrouver facilement des ressemblances à la version égyptienne originale.

Les deux dieux principaux étaient le Soleil et la Lune, qui régnaient sur le jour et la nuit. Jupiter, Vénus, Saturne, Mars et Mercure, ou plus précisément, les dieux qui les animaient, étaient connus en Égypte sous les noms de Merodach, Ishtar, Ninib, Nergal et Nebo (nous avons déjà fait la connaissance, dans un chapitre précédent, de Ninib, fils de Bêl-Merodach dont le frère aîné Sin gouvernait la lune).

Pour les peuples anciens, il semblait que ces dieux-planètes traversaient les cieux dans toutes les directions et que leurs trajectoires se croisaient. Selon les Chaldéens, les planètes isolées étaient des brebis galeuses qui s'étaient égarées en quête de nouvelles aventures. Ils ont conclu que c'était leur sort de vagabonder à travers les cieux et de descendre quelquefois sur la Terre sous forme divine, pour diriger les destinées humaines et recevoir les hommages des hommes. Ishtar et Debo furent les premiers à descendre sur Terre.

Ils croyaient aussi que tout enfant, à sa naissance, devenait esclave à vie de l'un de ces dieux (ou symbole du zodiaque) et qu'il possédait les mêmes caractéristiques que son souverain. L'astrologie moderne trouve là son origine.

La communication entre dieux et hommes avait lieu au cours des rêves. Aussi, les messages et l'interprétation des rêves ont-ils joué un rôle très important dans toutes ces civilisations anciennes.

Afin d'expliquer l'élément double et discordant (ego-psi) de leur propre personnalité, les anciens attribuaient aux dieux et déesses des personnalités contradictoires. Ishtar (Vénus), ou Nava, chez les Chaldéens du sud, était la maîtresse suprême qui régnait sur l'étoile du matin aussi bien que sur l'étoile du soir. Cette dernière était le symbole de la déesse de l'amour qui attire les sexes et les enchaîne l'un à l'autre dans un désir passionné. L'étoile du matin, par contre, était le symbole d'un guerrier cruel dont l'unique passion était le combat. La personnalité d'Ishtar rassemblait donc, à la fois, chasteté et lascivité, douceur et cruauté, disposition amoureuse et guerrière. L'existence de tous ces éléments ambigus dans une seule identité ne semblait ni étrange ni déconcertante à ses adorateurs.

Selon une ancienne légende, Ishtar, la fille de Sin, tomba amoureuse de Dumuzi, le fils d'Ea, le dieu suprême, lorsqu'elle l'aperçut gardant ses troupeaux sous l'arbre mythique d'Éridu dont l'ombre recouvre la Terre. Dumuzi devint son premier époux. Ils furent soumis à toutes sortes d'épreuves et de souffrances et Dumuzi en mourut. Alors Ishtar décida de venger sa mort. Suivit une période furieuse pendant laquelle elle fit la guerre aux mortels ainsi qu'aux demi-dieux. Elle prit ensuite toute une série d'amants, dont Tammuz-Adonis, qu'elle changeait en animaux pour les abandonner aux fauves, ou qu'elle récompensait avec prodigalité.

Toutes ces anciennes légendes et mythes expliquent de façon très nette le conflit qui existe dans la nature humaine entre le psi et l'ego. Des civilisations entières se sont élevées et se sont effondrées, selon que leurs inter-prètes de rêves fluctuaient entre le niveau spirituel et le niveau freudien, c'est-à-dire entre la sagesse de l'esprit et leurs propres désirs déréglés.

Les anciens prêtaient toutes sortes d'attributs diaboliques aux dieux et aux déesses des planètes (il semble qu'à cette époque et dans ce monde, les femmes avaient les mêmes droits « divins » que les hommes) ; tous les désordres : cupidité, guerres, inceste, promiscuité, favoritisme, luxure, etc., leur étaient attribués.

L'homme moderne est tout aussi perplexe. Le concept d'un « diable » personnifié qui induit les hommes en erreur est encore une croyance acceptée de nos jours et beaucoup de guerres sont « saintes » ou idéologiques à l'origine.

Le jour où l'on pourra démasquer ce « diable » et démêler les aspects freudiens et spirituels des rêves, l'homme sera libre.

C'est une vérité qui fut clairement résumée par Aristophane, le grand dramaturge grec :

« Les nations qui écoutent et suivent leurs rêveurs seront fortes et puissantes. »

CHAPITRE 6

COMMENT ANALYSER
VOS RÊVES

Se souvenir

Il est étonnant de constater combien d'étudiants s'exclament : « Mais, je ne rêve jamais ! », lorsqu'ils entendent parler du cycle nocturne des rêves pour la première fois. Plus tard, ils diront aussi : « Je ne médite jamais ! » Mais lorsqu'ils ont compris que nous rêvons et méditons tous, ces réalités leur sont désormais accessibles. Cela nous renvoie aux deux états dont nous parlions plus tôt : la conscience et la perception consciente ou la capacité de diriger son attention soit vers l'intérieur soit vers l'extérieur.

Je ne prétends pas que cela se produise du jour au lendemain. L'esprit-maîtrise est indispensable à tous les arts mentaux.

La sincérité, la patience et la persévérance sont la clé du succès dans l'analyse des rêves. Maintenant que nous avons examiné le vaste champ d'associations possibles dans les rêves, nous pouvons comprendre facilement qu'il est futile d'essayer d'interpréter un seul rêve. C'est comme si on essayait d'embrasser un immense paysage par un minuscule trou dans un écran noir, trou qui serait recouvert de plusieurs couches de cellophane noire. On ne peut discerner que par un examen rétrospectif les influences accidentelles qui sont de nature transitoire : une interprétation prématurée ne pourrait que créer de la confusion chez l'analyste trop impatient.

La première étape, c'est de pouvoir se souvenir du plus grand nombre de rêves possible et de pouvoir se rappeler beaucoup de détails. Il y a bien des façons perfectionnées de le faire. Cela peut même devenir une occupation à temps plein. Par exemple, vous pourriez demander à un ami de vous réveiller dès la cessation de vos REM pour noter chacun de vos rêves pendant que leur souvenir est encore intact. En alternant les rôles du rêveur et du surveillant chaque nuit, on peut accomplir beaucoup de travail en très peu de temps. Cette méthode serait excellente, si personne n'avait à se lever le lendemain pour se rendre au travail.

Il serait même théoriquement possible pour un futur analyste, habile en électronique, d'installer un détecteur psionique qui enregistrerait les REM et sonnerait lorsqu'ils cessent. Le dormeur pourrait alors enregistrer son rêve sur magnétophone. Il y a un obstacle, cependant. Dans ces deux cas, les enregistrements risquent d'être inintelligibles !

Il existe naturellement des laboratoires de rêves tel le *Centre Médical de Maïmonides* à Brooklyn, New York, mais leurs services ne seront probablement pas ouverts au public avant assez longtemps.

Dans chaque cours de métaphysique, il y a toujours quelques étudiants qui ne se souviennent pas de leurs rêves. D'autres, par contre, se souviennent de tous les détails des leurs. L'individu moyen se situe à mi-chemin entre ces extrêmes.

En outre, la capacité de se souvenir de ses rêves peut varier d'une nuit à l'autre. Elle dépend en grande partie du niveau d'ondes (alpha ou bêta) dans lequel une personne fonctionne normalement au cours de la journée. Quand le cerveau fonctionne au niveau bêta, l'ego travaille à capacité maximale; il est constamment aux aguets, démêlant toutes les données qui assaillent l'ordinateur, transmettant les instructions nécessaires, etc. En alpha, le nombre de données qui entrent dans l'ordinateur est réduit, la capacité analytique de l'ego ralentit et il accepte des situations et des idées qu'il rejetterait au niveau bêta.

La proportion des rêves freudiens varie selon la personnalité de l'individu, sa profession et l'activité mentale alpha-bêta. Cela explique pourquoi les femmes, les maîtresses de maison en particulier, sont considérées comme plus psychiques que les hommes. Car elles passent, en général, la journée dans un milieu familier, accomplissant des tâches assez routinières qui n'imposent pas de tension aux processus analytiques.

Les ondes cérébrales

1/2 cycle/seconde		SOMMEIL — MÉDITATION — (ou E.S.P.)
Delta	● COMA PROFOND	SUPRACONSCIENT
4 cycles/seconde		
Thêta	● FONCTIONS AUTOMATIQUES DU CORPS	95.5%
8 cycles/seconde		PRÉCONSCIENT
Alpha	● CRÉATION ● PERCEPTION EXTRA-SENSORIELLE (ou P.E.S.)	
12 cycles/seconde		4.5%
Bêta	● CERVEAU — ORDINATEUR ANALYSE LES IMPRESSIONS DES CINQ SENS ● TEMPS & ESPACE 80% DE L'ÉTAT DE VEILLE	PENSÉE LOGIQUE — CONSCIENT
40 cycles/seconde		

Le type alpha

Selon mon expérience, la proportion d'activité mentale alpha-bêta (ou la conscience de ce qui se passe autour de nous) est largement reflétée dans les yeux d'un étudiant et, croyez-le ou non, dans toute son apparence physique.

Habituellement, les penseurs à prédominance alpha sont plutôt introvertis. Ils s'asseoient en classe les yeux à moitié ouverts et ils ne sont pas très conscients de ce qui se passe autour d'eux. S'il s'agit d'un homme, le penseur alpha a tendance à porter les cheveux longs et la barbe, afin de mieux se retrancher du brouhaha extérieur. Ces personnes parlent très peu, ne sont pas des gourmets et s'intéressent peu à la mode.

Le penseur bêta, d'autre part, a le regard très vif, il absorbe tous les détails et est au courant de tout ce qui se passe autour de lui. D'habitude, il est bien rasé et il préfère les cheveux courts. Il est loquace, adore la mode et aime bien manger.

La différence entre ces deux types de personnalité n'a rien à voir avec le quotient intellectuel. Un de nos jeunes professeurs, dont toute la famille a un quotient intellectuel très élevé, est un exemple typique du penseur alpha. Il possède une compréhension profonde. Par contre, les détails lui échappent. Il pourrait facilement ne pas remarquer que les freins de sa voiture sont défectueux. Il a en somme l'attitude du « professeur distrait ». Il ne marche pas dans une pièce, il flotte.

Une autre de nos professeurs, plus orientée vers le niveau bêta, est mentalement très alerte, toujours prête à faire part de nouvelles données, quel que soit le sujet de discussion. Ses mouvements sont rapides, elle a un bon appétit et ses rêves sont vifs et détaillés. Elle a un quotient intellectuel élevé. En lisant les deux paragraphes qui précèdent, la première personne citée pourra immédiatement s'identifier ; la seconde ne se reconnaîtra peut-être jamais dans cette description.

Entre ces deux extrêmes de penseurs alpha et bêta, on retrouve toutes les variations possibles. L'idéal serait de pouvoir fonctionner simultanément aux deux niveaux. C'est un des buts du cours de *Développement de la psyché et de la personnalité.*

Les scientifiques qui étudient les rêves considèrent l'interaction du psi, de l'ego et de l'identité pendant le sommeil d'une manière différente de celle du métaphysicien.

Selon eux, la pensée bêta (de 14 à 40 cycles par seconde) relève des « centres supérieurs » du cerveau ; tandis que, pour nous, ce n'est qu'une activité élémentaire, un simple calcul de données intellectuelles. On peut cependant rapprocher quelque peu ces optiques, si on convient que les « centres supérieurs » sont en réalité les « couches extérieures », ce qui est vrai sur le plan physique et si on conçoit le psi comme formant les couches les plus profondes de l'esprit. Le psi digère les données externes et transforme les détails en concepts, de la même manière que la nourriture qui entre par la bouche se fait digérer et transformer en substance nourrissante par les processus digestifs.

Selon les neurologues, la mémoire et les centres d'activité mentale principaux sont situés dans le cortex cérébral ou dans la matière grise qui recouvre le cerveau, un peu comme le verre recouvre le filament d'une ampoule électrique, ou la pelure recouvre le pamplemousse. La couche extérieure est la dernière à se développer chez l'enfant et son développement normal ne s'effectue que s'il reçoit les protéines nécessaires. Voilà pourquoi le sort des enfants sous-alimentés est si triste. Cette partie du cerveau est également la première à se détériorer avec l'âge. Une déficience en protéines peut en être la cause, mais cela est généralement dû à un manque d'exercice mental bêta. Le spectacle des personnes âgées qui deviennent séniles au fur et à mesure que leur matière grise se détériore est presque aussi triste que celui des enfants sous-alimentés. On sait pourtant que ces années-là pourraient être des plus productives, si les gens maintenaient un équilibre alpha-bêta. C'est alors que la sagesse acquise durant une longue vie devrait porter ses fruits et guider les plus jeunes générations.

Robert Browning l'avait compris :

« Viens vieillir avec moi. Le meilleur est encore à venir.
C'est la fin de la vie pour laquelle le début fut conçu.
Nos jours reposent dans Sa main, Lui qui a dit : « J'ai
[TOUT créé.»
La jeunesse n'en révèle que la moitié ; aie donc confiance
[en Dieu :
Vois tout et n'aie aucune crainte. »

Pendant certains moments de la journée, l'activité cérébrale bêta atteint un maximum de 50 cycles par seconde. Le cortex cérébral fonctionne alors au sommet de sa capacité. Chez l'homme d'affaires alerte, cette activité bêta fluctue de 14 à 40 cycles pendant 80% de sa journée. Dans l'alpha, par contre, l'électricité statique cesse et l'électro-encéphalographe enregistre des pulsations rythmiques calmes ; le rythme cardiaque ralentit, les muscles se détendent et l'activité du cortex cérébral diminue.

C'est pourquoi les enfants dont la couche extérieure du cerveau ne s'est pas développée passent moins de temps dans le bêta. Il en est de même des personnes âgées dont le cortex s'est détérioré et de ceux qui observent des jeûnes prolongés.

Les techniques mentales que nous proposons enseignent à l'étudiant comment fouiller dans les niveaux les plus profonds de l'esprit, tout en ouvrant des circuits de communication entre les niveaux externe et interne de la conscience. On peut alors se demander : « Suis-je inconscient de ma vie intérieure ou suis-je inconscient de ma vie extérieure? » et de s'élever progressivement à ce niveau de conscience qu'a atteint le Bouddha lorsqu'il s'est levé de sous son arbre et a déclaré : « Je suis éveillé », c'est-à-dire éveillé à toutes les réalités de la vie.

Développer l'esprit-maîtrise

Il est relativement facile de se rappeler ses rêves une fois qu'on a débloqué les circuits de communication, en sondant consciemment l'intérieur de soi-même. C'est un peu comme de se frayer un passage dans une jungle qui cache toute la lumière de la conscience du psi.

Certains étudiants peuvent se réveiller facilement plusieurs fois pendant la nuit, à la fin de chaque séquence de rêves. Voilà l'avantage de développer l'esprit-maîtrise. C'est l'identité qui décide, une fois pour toutes, qui mène la barque et qui met l'ego à sa vraie place. Dès le départ, nous enseignons à nos étudiants à prendre des résolutions et à s'y tenir. Nous leur demandons de choisir un temps et un endroit précis pour faire leurs leçons et de décider combien de temps ils veulent y consacrer (cinq, dix, ou soixante minutes). Tout dépend d'eux. Mais pour réussir, ils doivent s'engager et respecter l'engagement qu'ils ont pris vis-à-vis d'eux-mêmes. C'est également vrai en ce qui concerne la méditation. Nous leur demandons de régler leur horloge mentale pour se réveiller de leur méditation à l'heure fixée. Avec le temps, ils peuvent allonger cette période s'ils le désirent. Mais le cerveau doit être dompté, pour servir l'identité et non pas ses propres désirs.

Le premier pas, c'est de prendre une décision ferme. Voulez-vous réellement vous souvenir de vos rêves? Êtes-vous prêt à affronter ce qu'ils vous révéleront? Êtes-vous assez mûr pour faire face à vos conflits intérieurs? Soyez assuré que l'ego ne se soumettra pas facilement et que s'il sent sa suprématie menacée, il résistera au rappel des rêves. L'adhésion à un groupe comporte certains avantages. Le fait de s'inscrire à un cours dispensé dans un lieu différent convainc l'ego de votre détermination. C'est pourquoi tous nos cours demeurent confidentiels; l'ego en effet cherche à connaître superficiellement la matière, afin de pouvoir l'analyser et la décortiquer sans avoir à s'engager réellement dans un développement qui pourrait menacer son emprise sur l'identité. Bien que chacun soit unique et ait une route solitaire à suivre, les séminaires hebdomadaires peuvent apporter un certain soutien moral. On discute ouvertement, souvent en riant des obstacles et des prochaines étapes à franchir. Cela rend le travail moins aride.

Disons que vous commenciez à analyser vos rêves. Vous avez passé une soirée tranquille et vous vous mettez au lit dans de bonnes dispositions. Sur la table de nuit, ou même sous votre oreiller, vous installez un cahier et un crayon destinés à inscrire vos rêves. Vous êtes au courant des symboles freudiens qui pourraient surgir dans vos rêves à cause des événements particuliers survenus au cours de la journée. Vous notez certains éléments afin de fermer ces circuits mentaux: une querelle d'amoureux, une dispute avec un de vos concurrents, l'injustice de votre employeur, votre fille qui rentre trop tard, etc.

Une fois que cette « haute activité mentale » est terminée, votre dernière action consciente est de vous dire avec fermeté que vous allez vous souvenir de vos rêves. Maintenant, l'esprit conscient est faible. Au début, l'ego pensera : « Une nouvelle demande ! Ce n'est qu'un caprice passager. Il va l'oublier si je ne m'en préoccupe pas. » Puis, après quelques nuits d'efforts persistants : « Cela devient fatigant, toute ma petite routine est bouleversée ! » Et puis finalement : « Eh bien, d'accord, si tu insistes. »

Par contre, selon l'individu, l'ego pourra réagir en régurgitant quelques bribes de rêves dès les premières nuits pour retourner ensuite à ses anciennes habitudes. La réaction dépend de la discipline personnelle. Si on a été élevé d'une façon très indulgente, il sera plus difficile d'exercer sa volonté. Ceux qui se réveillent sans réveille-matin, à l'heure voulue, obéiront plus facilement à leurs directives mentales que les personnes qui n'ont pas cette discipline.

Par contre, une personne qui se réveille lentement se souviendra probablement plus facilement de ses rêves. Ceux-ci ressemblent un peu à un brouillard léger dont les éléments, plus concrets, mais fluides, s'imprègnent dans un réseau complexe de détails. À cause de la nature fugace des rêves, il faut éviter de réveiller le cortex cérébral avant que la trame du rêveur ne soit captée.

On devrait automatiquement avancer la main pour prendre son crayon ; ce ne devrait pas être une action consciente, car dès que le mécanisme analytique est activé, le rêve s'enfuit. On doit s'éveiller à une perception presque inconsciente où on sait qu'on doit noter ses rêves. Normalement, au réveil, on projette son attention vers l'extérieur. Mais il faudra désormais s'entraîner à la projeter vers l'intérieur. Les petits sommes, le dimanche matin et les après-midi sont idéals, car l'esprit a moins tendance à se réveiller brusquement. Quelques aspects de l'esprit-maîtrise inconscient nous ont été démontrés lorsque mon mari et moi vivions sur une ferme, avec nos deux jeunes fils. Si un des bébés faisait le moindre petit bruit, je me réveillais sans que mon mari ne remue ; mais au moindre gloussement provenant du poulailler, signe possible de la présence d'un maraudeur, mon mari sautait hors du lit sans que je ne m'en aperçoive. John Manny, le premier secrétaire de l'Institut, se souvenait facilement de ses rêves. Son entraînement dans les forces armées et son sens des responsabilités lui étaient une aide précieuse. Il utilisait la méthode suivante : il enregistrait sur bande magnétique ce qu'il voulait accomplir. Puis, il faisait jouer l'enregistrement pour mieux imprimer ses désirs dans son subconscient. Il se réveillait complètement après chaque rêve et se levait pour le noter. Pourtant, il ne se sentait jamais fatigué au cours de ses journées de travail bien remplies.

Cette capacité de se souvenir de ses rêves et de les noter n'est que la première étape dans l'analyse des rêves. Lorsque vous en notez les détails, essayez aussi de concrétiser la réaction émotive que vous avez ressentie lors du rêve. Ces émotions révèlent votre caractère véritable. Notez une douzaine de rêves avant d'essayer de les interpréter. N'oubliez pas d'inscrire « F. », « R. » ou « P. » en notant vos rêves, pour voir si vous avez un bon jugement. Il est souvent très intéressant de voir, rétrospectivement, combien nos attitudes émotives ont changé en très peu de temps.

Voici une liste de cinquante questions qui vous aideront à analyser vos rêves. Les réponses vous indiqueront peut-être pourquoi vous avez trop de rêves freudiens, si c'est votre cas.

1. Quel âge avez-vous? Êtes-vous marié? (Les adolescents peuvent s'attendre à un nombre élevé de rêves relatifs au sexe.)
2. Vous sentez-vous dépassé par les événements?
3. Quelles sont les influences extérieures qui peuvent déranger votre sommeil? (Le bruit d'un train peut influencer le cours de votre pensée ; si des gouttes d'eau tombent sur votre visage, vous rêverez peut-être que vous vous noyez ; une porte qui claque peut vous faire réagir violemment.)
4. Avez-vous des peurs qui sont profondément enracinées?
5. Êtes-vous heureux dans votre travail?
6. Vous liez-vous d'amitié facilement?
7. Pouvez-vous communiquer aisément avec les autres?
8. Avez-vous le syndrome (1) du « pendule oscillant » ?
9. Votre conjoint vous domine-t-il?
10. Vous sentez-vous frustré, privé de quelque chose? (Les personnes qui suivent un régime alimentaire ou qui viennent de cesser de fumer ou encore qui n'ont pas la chance d'exprimer leurs émotions, ont souvent des rêves contenant des désirs inassouvis.)
11. Votre ego « exagère-t-il » ses associations?
12. Réagissez-vous de façon exagérée, soit face à un compliment soit à un manque de considération?
13. Vous sentez-vous raisonnablement en sécurité?

14. Avez-vous des dettes ou d'autres problèmes pressants?

15. Avez-vous un bon emploi?

16. Êtes-vous une personne aimable?

17. Êtes-vous timide?

18. Participez-vous à de nombreux sports de compétition?

19. Êtes-vous une personne agressive?

20. Êtes-vous alerte?

21. Avez-vous l'esprit confus?

22. Avez-vous une bonne santé? (L'hypertension et d'autres problèmes de santé peuvent parfois causer des rêves bizarres.)

23. Êtes-vous satisfait de ce que vous faites?

24. Êtes-vous comblé?

25. Êtes-vous productif?

26. Êtes-vous nerveux ou irrité, tracassé?

27. Aimez-vous vos parents?

28. Comment vous entendez-vous avec eux?

29. Ressentez-vous le besoin de justifier vos actions?

30. Aimez-vous les gens?

31. Détestez-vous certaines personnes en particulier?

32. Vous sentez-vous inférieur ou supérieur aux autres?

33. Avez-vous de la difficulté à apprendre?

34. Aimez-vous dormir?

35. Êtes-vous une personne réservée?

36. Êtes-vous honnête envers vous-même?

37. Est-ce que vous vous aimez?

38. Si non, pourquoi?

39. Est-ce que votre activité alpha-bêta est équilibrée?
40. Pouvez-vous être absolument objectif dans votre analyse personnelle?
41. Êtes-vous objectif dans votre analyse des autres?
42. Êtes-vous porté à rêvasser, à vous construire des châteaux en Espagne?
43. Aimez-vous la solitude?
44. Possédez-vous un bon esprit-maîtrise?
45. Avez-vous une large perspective?
46. Devez-vous souvent faire des excuses?
47. Dans les affaires de tous les jours, êtes-vous ponctuel et exigeant?
48. Votre relation ego-psi est-elle équilibrée?
49. Avez-vous mûri émotivement depuis l'année dernière?
50. Avez-vous une attitude positive?

L'interprétation de rêves

On pourrait allonger presque indéfiniment cette liste, mais c'est un bon début. Voici donc quelques interprétations de rêves que certains étudiants ont faites après un ou deux mois d'études.

Le Dr William H. de Vancouver était plutôt sceptique vis-à-vis de l'analyse des rêves: « Étant psychologue de profession, j'étais peut-être plus réticent envers vos techniques de rétrogression que l'individu moyen ne l'aurait été. Cependant, j'ai décidé de les essayer et je suis retourné en arrière jusqu'à ma naissance, recueillant des faits que j'ai pu vérifier par la suite.

« Je suis né en Saskatchewan dans les années '20 et,

après avoir longuement voyagé, je me suis établi en Colombie-Britannique où il pleut souvent et où il y a de larges fossés. Imaginez ma peine lorsqu'un soir, après la classe en revenant chez moi j'ai été saisi d'une peur déraisonnable devant le ruissellement de l'eau dans les fossés, sur les bords de la route. Plus j'essayais de rationaliser et d'analyser la peur, plus elle semblait profondément enracinée. J'avais même peur de conduire lorsqu'il pleuvait, chose que je n'avais jamais ouvertement reconnue. Je me suis décidé à découvrir la cause de cette situation ridicule et je me suis alors souvenu d'un incident qui m'était arrivé, lorsque j'avais huit ans : des camarades m'avaient poussé dans un fossé. Je pensais que c'était là la cause de mon malaise quand, dans un rêve, j'ai appris qu'ils m'y avaient poussé seulement parce que j'en étais terrifié. Pendant toute une semaine, j'ai approfondi ce problème. Soir après soir, j'essayais de me souvenir de tout événement qui pouvait être lié à cet incident. Je ne trouvais rien. J'avais été élevé sur une ferme qui n'avait ni fossé, ni système d'écoulement des eaux et j'étais persuadé que j'avais vu un tel cours d'eau, pour la première fois, lors de l'incident avec mes camarades, à l'âge de huit ans. Pourtant, à huit ans, j'avais bel et bien été pris de panique. Toutes mes études en psychologie me disaient que c'était une situation impossible à accepter.

« Ma première découverte s'est produite au cours d'un fragment de rêve. J'ai vu une larme énorme couler d'un œil gigantesque, suspendu au-dessus de ma tête. La larme grossissait, toujours suspendue, puis elle est venue doucement s'écraser sur ma joue. À ce moment-là, mon univers a semblé s'écrouler.

« Quelque chose me disait que cet indice était très important. J'ai noté tous les détails dont je pouvais me souvenir. Puis, deux nuits plus tard, j'ai rêvé que j'étais un petit oiseau dans un nid. La maman-oiseau communiquait avec moi, me disant de gazouiller ou d'être tranquille, en bougeant le plumage de sa gorge ou en resserrant ses pattes. Un système de communication parfait et total existait et avait existé entre nous bien avant que je sorte de l'œuf.

« Ces deux fragments de rêves apparemment disjoints ont stimulé d'autres souvenirs et le lendemain soir j'ai revécu l'histoire au complet. Avant de vous la raconter, j'aimerais souligner un point. Quand le rêve complet a eu lieu, j'ai reconnu que, durant toute ma vie, j'avais rêvé des fragments de ce même rêve. Mais je n'avais jamais essayé consciemment de rassembler tous les morceaux ; je n'en avais donc jamais tiré profit. J'ajoute ceci pour aider ceux qui se trouveraient dans une situation semblable et qui ne sont pas tentés de noter certains fragments parce qu'ils leur semblent sans importance.

« Lorsque le rêve complet a commencé, mon esprit était en état d'alerte. J'ignorais pourquoi, mais il me semblait que chaque atome de mon corps était bombardé par des vibrations d'avertissement. J'avais aussi l'impression qu'à ce moment-là, mon esprit s'éveillait pour la première fois ; c'était ma toute première pensée consciente.

« Nous étions dans une carriole, le grincement des roues et le galop des chevaux submergeaient les autres bruits. Ma mère me serrait tendrement contre sa poitrine. Apparemment, nous revenions de l'hôpital où j'étais né. Le trajet était long et pénible. Ma mère, une jeune fille de la ville, n'avait pas du tout envie de vivre sur une ferme. Pour elle, la campagne était une région sauvage et, en arrivant au bord de la rivière Saskatchewan, elle a eu tellement peur pour la sécurité de son enfant qu'elle a été prise de panique.

« Mon père, plus âgé que ma mère, descendait d'une famille de fermiers où l'homme était le chef de la famille. Il a essayé de son mieux de rassurer sa jeune femme tout énervée et encore affaiblie par l'accouchement. Mais il contrôlait difficilement son impatience, car elle avait peur de traverser la rivière à l'endroit qu'il avait choisi et qui offrait un raccourci de dix milles. La rivière n'était pas du tout profonde à cet endroit, quelques centimètres à peine. Il est descendu de la carriole pour guider les chevaux, ordonna à sa femme gentiment, mais fermement, de bien se tenir. À mi-chemin, un des chevaux a glissé. Il a pris peur et s'est mis à ruer. Ma mère a été frappée de terreur et s'est mise à hurler. C'est à ce moment précis que s'insère le fragment de rêve au cours duquel je voyais l'énorme larme tomber de son œil. Ses cris étaient si perçants que je me suis réveillé et je suis resté momentanément pétrifié au souvenir de sa peur.

« J'ai questionné ma mère à ce sujet et elle en a confirmé les détails. Elle a ajouté qu'à l'instant critique, mon père nous avait pris dans ses bras et nous avait portés jusqu'à la rive. Il était ensuite retourné chercher les chevaux et la carriole. Puisque l'épisode avait causé beaucoup de friction entre mes parents, ils étaient certains de m'en avoir parlé. »

Véronique T. de Calgary envoie cette lettre pleine de bonnes vibrations :

« L'analyse des rêves a transformé ma vie, sans exagération. Pendant des années, j'avais des cauchemars qui revenaient sans cesse. La porte de ma chambre s'ouvrait lentement, insidieusement, petit à petit. Puis, un dragon se glissait dans le coin de la chambre. C'était une créature vivement colorée, qui devenait très agressive en s'approchant du lit. Une fois parvenu là, il devenait un monstre affreux qui râlait et qui crachait des flammes. À ce moment-là, il montait sur moi et s'assoyait silencieusement sur ma poitrine, si je restais tranquille; il grondait dangereusement si j'essayais de le déplacer. Je pouvais toujours sentir ce poids accablant qui m'opprimait et je me réveillais de ce rêve très déprimée.

« Quand j'ai commencé mon premier cours de métaphysique, j'avais quarante-huit ans. J'étais très timide et me sentais mal à l'aise avec les étrangers. Mon père avait été tué à la première guerre mondiale, peu de temps après avoir épousé ma mère. Aussi, ma mère et moi étions-nous plus des sœurs qu'une mère et une fille.

« Lorsque j'ai commencé à faire mes leçons, j'ai examiné mes plus anciens souvenirs de colère et de frustration. Comme résultat, mon rêve de dragon revenait presque toutes les nuits. Je savais donc que j'étais sur la bonne voie, car aussi loin que je pouvais retourner dans le passé, mon dragon y était toujours. Enfin, après environ trois semaines d'efforts, j'ai rêvé que j'étais dans une chambre où dormait un jeune bébé à côté d'une jeune fille. À mesure que je m'habituais à la chambre, celle-ci devenait de plus en plus familière. Je me suis rendu compte que le bébé, c'était moi. C'était comme si je passais des heures et des heures, même des mois, couchée là, sans pouvoir bouger. J'avais hâte de bouger, de jouer, de ramper, mais je ne le pouvais pas. La jeune fille était étendue sur les couvertures (moi j'étais dessous, immobilisée par le poids de ma mère). La jeune fille soupirait et pleurait. Puis, je l'ai vue traverser la chambre et enfiler un kimono accroché à la porte du placard. C'était un peignoir japonais noir et au dos, il y avait mon dragon ! Enfin, j'avais trouvé. Je ne peux pas vous dire tous les liens émotifs que cette histoire contient, mais cette découverte m'a sidérée. Je me suis rendu compte à quel point j'avais été naïve. Des centaines de détails s'assemblaient, comme les morceaux d'un casse-tête. J'avais pensé que ma mère m'aimait, mais j'ai compris qu'elle ne connaissait pas vraiment l'amour, seulement la pitié de soi. Mais ma propre attitude n'était guère meilleure.

« À la mort de son jeune mari, sa peine l'avait rendue extrêmement possessive envers moi. Au cours des années, elle avait modelé ma volonté selon sa névrose. Par exemple, elle se disait malade lorsque je voulais partir avec des amis. Elle n'était jamais heureuse si je m'absentais de la maison pendant un certain temps.

« Le symbole du rêve était celui que j'avais associé à ma mère quand j'étais encore enfant, peut-être lorsque je me sentais écrasée sous les couvertures ou lorsque ma mère me tournait le dos et que je voyais le dragon. Je lui ai demandé par la suite si elle avait déjà eu un kimono semblable. Elle a dit oui ; il faisait partie de son trousseau et elle l'avait gardé quelques années. Je n'en avais aucun souvenir conscient.

« De toute façon, après cet épisode, j'ai décidé de réévaluer ma vie. J'ai conclu que j'avais bien des années à rattraper. Maman a été très compréhensive. Elle avait également suivi votre cours et elle a été obligée de reconnaître la vérité. Elle s'en est sentie beaucoup mieux par la suite, car elle était auparavant totalement inconsciente de son influence sur moi. Que Dieu vous bénisse d'avoir transformé ma vie. »

Un autre étudiant de Hamilton raconte :

« Il y a quelques années, j'ai suivi un cours assez intensif en psychothérapie, dans lequel l'analyse des rêves jouait un rôle très important. Pendant des semaines, j'ai noté mes rêves et je reconnais la valeur indéniable de cette technique. À la même époque et de mon propre gré, j'ai commencé à lire des livres sur l'art de la relaxation, que j'ai pratiqué. J'ai obtenu d'assez bons résultats, tout comme vos leçons le préconisent.

« L'automne passé, j'ai lu plusieurs livres sur la vie mystique en Inde. Je commence à comprendre que ces trois expériences apparemment sans relation ont eu une influence certaine sur mon développement métaphysique.

« Les prochains paragraphes paraîtront peut-être insipides, mais je me réjouis qu'un autre humain les lise et les comprenne.

« J'ai toujours eu une peur morbide des serpents, ce qui n'est pas surprenant pour une femme, mais le symbolisme des serpents dans mes rêves m'est tout à fait clair aujourd'hui. Lorsque j'étais enfant, j'avais des cauchemars dans lesquels je marchais dans des champs où rampaient d'innombrables serpents. Je me réveillais, moite de terreur, les genoux collés contre mon corps. Ces rêves ont persisté jusqu'à la trentaine. Ils disparaissaient et revenaient dans la mesure où j'éprouvais de l'anxiété durant la journée.

« Quand j'ai commencé ma thérapie, quelque chose d'intéressant s'est produit. Dans mes rêves, je devais traverser ces mêmes champs remplis de serpents, mais cette fois, j'étais capable de les survoler ; mes orteils touchaient presque les serpents, mais il y avait un progrès ; au moins je pouvais supporter mes anxiétés.

« À mesure que la thérapie se poursuivait, j'étais capable de survoler le champ de mieux en mieux. Je volais complètement au-dessus des serpents, ce qui me soulageait beaucoup, mais ils étaient toujours là. Ce fait m'inquiétait, car je me demandais si, à un moment donné, j'allais perdre de l'altitude et retomber au milieu d'eux.

« Ce fut la fin de mes rêves de serpents jusqu'à l'automne dernier, quand j'ai débuté le cours de *Développement de la personnalité et de la psyché*. J'ai commencé à avoir de fortes expériences de perception extra-sensorielle à la suite des exercices de concentration. Puis, j'ai fait deux rêves très significatifs.

« Dans le premier, je marchais dans un sentier qui longeait une énorme falaise, quand j'ai remarqué qu'il y avait des serpents gelés (mes peurs) à côté de moi. Je ne me suis pas enfuie, mais je me suis arrêtée pour les examiner de près, pour la première fois. Je savais que dans cet état, ils ne pouvaient pas me faire de mal.

« Le deuxième rêve, une semaine plus tard, était encore plus significatif. J'étais debout sur le sommet d'une colline. Je regardais en bas vers une rivière peuplée de serpents.

« Plusieurs personnes se baignaient. Soudain, une d'elles a remarqué les serpents et a été prise de panique. Elle se serait noyée si mon père, qui était sur la rive, ne lui avait tendu le bras. Mon père est pasteur et bien que j'aie mis beaucoup de temps et d'énergie à combattre toute forme de religion, mon rêve m'a permis de comprendre que j'avais eu la chance de pouvoir "monter jusqu'au sommet", d'où je pouvais voir la souffrance des autres. J'ai compris que moi aussi, je pouvais profiter d'une religion. Je me sers du terme religion dans son sens le plus large. Peut-être est-ce cette "religion" dans laquelle je m'engage maintenant. »

En dernière analyse, l'étudiant affronte la question la plus profonde, celle qu'a si bien définie le grand philosophe chinois Chuang Tzu. Il soulignait le fait que seuls les sots se croient « éveillés ».

« Un jour, moi, Chuang Tzu, j'ai rêvé que j'étais un papillon voltigeant de fleur en fleur, conscient uniquement de mes fantaisies de papillon. Soudainement, je me suis réveillé et maintenant, je ne sais plus si j'étais un homme qui rêvait qu'il était un papillon, ou si je suis maintenant un papillon qui rêve qu'il est un homme. »

CHAPITRE 7

LE SYMBOLISME DES RÊVES

L'éducation en symboles

Une image vaut mille mots. Elle transcende les frontières linguistiques et sociales et les différences de génération. Elle peut transmettre le concept total : la colombe de la paix, par exemple, ou la fleur de lys du drapeau québécois. Elle peut émouvoir.

Mais les sentiments suscités par un symbole donné peuvent varier selon les individus. Prenez le svastika, par exemple. Cette configuration ancienne, croix dont les extrémités forment un angle droit, avait une signification mystique en Inde, au Japon, chez les Perses et même chez diverses tribus indiennes de l'Amérique du Nord. On l'a vénérée durant des siècles, tout comme aujourd'hui, la croix latine est respectée par les chrétiens.

Mais aujourd'hui, le svastika est le symbole d'une folie, le terrifiant emblème du parti nazi, un signe d'antisémitisme. Il est associé au meurtre, à la torture, au pas de l'oie, à l'hystérie de masse. Il serait possible d'écrire tout un livre uniquement sur ce symbole.

Les symboles évoquent de fortes réactions ; depuis des temps immémoriaux, ils ont conduit à la mort des hommes obéissants qui suivaient au combat leur porte-drapeau. Les symboles unissent ou divisent ; ils cristal-lisent des questions complexes, ils peuvent défier la logique et la raison, ils évoquent une loyauté totale. Les symboles sont abstraits.

Parce qu'ils sont abstraits, leur signification n'a que la valeur de la programmation individuelle. Plus la programmation est rigide, plus on peut soulever une vive réaction émotive. Plus nos loyautés sont étendues, plus notre champ d'éducation est vaste et moins nous sommes influencés par le symbolisme.

On peut retrouver une certaine contrainte dans les pratiques religieuses de diverses confessions où les enfants se voient obligés d'aller à l'église chaque matin et de répéter leur adhésion à un mode d'expression reli-gieuse particulier. Ayant moi-même reçu ce genre de formation, je peux en parler par expérience. Aujourd'hui encore, ma tête s'incline instinctivement lorsque je prononce le mot « Jésus », mais je n'éprouve pas cette contrainte lorsque je dis « Dieu », « Déité » ou « Omni-potence ». Bien qu'à notre centre résidentiel, nous ayons déjà hissé le drapeau des Nations-Unies, il ne provoque pas la réaction intérieure que je ressentais, petite fille, à l'école, envers le drapeau national. Évidemment, nous discutons de toutes ces choses. En métaphysique, nous devons rechercher l'origine profonde de nos sentiments.

Un de nos directeurs au Québec a fait ses études en psychologie et il est très habile à faire sa propre analyse. Il y a quelques années, nous avons eu l'occasion de voyager à Kitchener en Ontario (Canada), à l'occasion d'un séminaire. Nous nous sommes arrêtés en route pour prendre une pause dans un centre d'achats. Inconsciemment, Henri a évité le café le plus proche et nous avons poursuivi notre chemin jusqu'au restaurant suivant, bien qu'instinctivement, je me sois sentie attirée par le premier endroit. Toujours à l'affût de nouveaux indices concernant notre programmation, nous avons examiné cet incident. Le premier restaurant s'appelait *The Orange Tree Café* (Le café de l'oranger) et il était tout décoré en teintes orangées. L'endroit où nous sommes entrés n'avait aucun cachet, aucun symbolisme suggestif. Comme j'avais émigré au Canada, le symbole « orange » n'avait aucune signification particulière pour moi, mais lorsque Henri a expliqué que l'orange était l'emblème de l'oppression protestante, son comportement inconscient prenait un sens. Je ne raconte cette histoire que dans le but de donner au lecteur une idée de la profondeur de notre programmation de base qui contrôle nos actions au niveau impulsif. IL N'EXISTE AUCUNE EXCEPTION À CETTE RÈGLE.

Il est douteux que le svastika puisse jamais avoir un sens mystique profond dans mon cas et je ne baisserai jamais automatiquement la tête devant les symboles du Bouddha ou de Mahomet, malgré le respect que j'accorde consciemment à leurs enseignements.

Il est à espérer que celui qui analyse ses rêves puisse être honnêtement objectif dans l'investigation de ses propres contraintes intérieures. Comprenez bien que nous ne parlons pas ici d'une connaissance consciente. Il faut creuser pendant des années pour ramener ces choses à la lumière et pour les incorporer à notre conscience ; il faut encore plus longtemps pour éliminer le mécanisme émotif faussé qui provoque ces réactions instinctives.

Marcel Lafleur, notre directeur des relations publiques, a clarifié pour nous cette question. Selon lui, il y a des « problèmes » et des « difficultés ». Un problème est une situation sur laquelle nous n'avons aucun contrôle parce que nous n'en connaissons pas la cause. C'est une contrainte enfouie si profondément dans le subconscient que son origine est cachée. La victime est incapable de trouver une solution, parce que l'ego ne dévoilera pas son trésor caché, ces premiers souvenirs dans lesquels se trouve la racine du problème.

Au stade intermédiaire, l'analyse consciente de soi s'accomplit principalement en vérifiant ses actions et ses réactions face aux situations quotidiennes. Ainsi, il est possible de remonter dans l'action à sa cause, comme dans l'exemple du *Orange Tree Café*. Lorsque la cause devient évidente, le problème tombe dans la catégorie de la « difficulté » et ce n'est pas un problème de régler une difficulté. On peut la résoudre en examinant tous les faits qui s'y rapportent, en les notant par ordre logique, en y appliquant la raison, tout en souriant de notre faiblesse humaine.

Ceux qui sont toujours en chômage ou dans la misère peuvent bénéficier grandement de la simple application de ce principe du « problème-difficulté ». Le chômage et la pauvreté sont le résultat d'une erreur dans la programmation de base. Je connais l'histoire d'un jeune homme qui ne trouvait jamais d'emploi qui lui convienne. Son éducation conventionnelle et sa capacité intellectuelle le préparaient à un vaste choix d'emplois, mais rien ne semblait lui réussir. Son problème fondamental était causé par une hostilité cachée envers l'ordre établi, qui s'était développée à partir d'un ressentiment qu'il conservait à l'égard de l'autorité paternelle. Dès lors, le jeune homme a rejeté la religion dans laquelle il avait été élevé ainsi que toute autre situation dans la vie qui pouvait menacer son indépendance. L'analyse des rêves a clairement démontré ces conflits intérieurs et lui a permis de mener, par la suite, une carrière heureuse. Si vous essayez d'être objectif, vous verrez que de profonds sentiments de menace, d'hostilité et de peur sont évidents dans le symbolisme des rêves.

Les études que nous avons faites indiquent que, chez l'adulte, il y a quatre catégories principales de symbolisme onirique, quoique dans le contenu global des rêves, ces catégories semblent se chevaucher l'une l'autre.

1. Le symbolisme personnel, ou privé, qui ne fait pratiquement aucun sens pour autrui.
2. Les symboles « locaux ». Ils dépendent d'intérêts régionaux ; par exemple, la politique au Québec ou la culture d'arbres à caoutchouc dans certaines régions de la Malaisie.
3. Un symbolisme ethnique ou religieux (les œufs de Pâques décorés des Ukrainiens, la cornemuse de l'Écossais, le trèfle d'Irlande, le Bouddha en Inde).
4. Les symboles universels : les relations mère-père, le soleil, le ciel, l'eau, l'arbre, la naissance, la mort, etc.

Dans le rêve, le symbole significatif se détache généralement du décor flou des événements et des accessoires de la scène onirique ; le personnage principal se détache du décor. L'indice principal du symbole est bien plus la réaction émotive qu'il évoque que le symbole lui-même. Notez les situations parallèles, aussi bien que la scène apparente que vous voyez.

Les symboles personnels

Les symboles personnels sont les premiers à être formulés et ils datent de nos tout premiers souvenirs.

Prenons l'exemple d'un enfant qui s'éveille tôt le matin ; il est tout mouillé et il a faim. Puis, il entend la sonnerie du réveille-matin. Maman se lève, prend l'enfant et le blottit, pour le nourrir, dans un petit coin chaud entre elle et papa. Si cette scène se répète un nombre suffisant de fois, le symbole du réveille-matin pourra revêtir un sens personnel de sécurité, de confort, d'amitié et d'alimentation.

Mais chaque nouveau-né étant élevé de façon très différente, il est impossible de généraliser ces symboles personnels intimes.

Il est donc préférable de faire un effort concentré pour découvrir tous ses propres symboles. La liste qui suit représente certaines des découvertes faites par les étudiants. Ces symboles ne furent obtenus qu'après avoir enregistré un bon nombre de rêves. Certains objets semblaient réapparaître constamment dans les rêves, bien qu'ils aient été situés dans une grande variété de contextes et de milieux, mais comportaient toujours les mêmes réactions émotives.

ACCENT :

Souvent, des associations sont formées par l'accent particulier ou le patois utilisé par un des personnages du rêve. Ils peuvent refléter un parti pris inculqué par les parents, les grands-parents, les professeurs... n'importe quel individu qui représente l'autorité, la discipline, la peur, le fanatisme... ou des émotions tout à fait contraires.

BRODERIE :

Rêver de broderie ou de couture indique un désir sincère de produire quelque chose de constructif, de faire quelque chose de sa vie. Cela peut aussi représenter le désir d'échapper aux responsabilités et obligations déplaisantes ou à la pression et de retrouver la vie plus simple et la sécurité de la maison familiale.

CHAT :

Les chats jouent un rôle important dans le symbolisme onirique. Ils peuvent signifier la chance ou la malchance selon la programmation. Pour interpréter leur signification, il s'agit surtout d'observer la réaction que vous avez face à la bête et à ce qu'elle fait.

CHIEN :

Les chiens dans les rêves représentent généralement la loyauté et l'affection ou tout au contraire, la menace et la peur, si les premières expériences ont été déplaisantes. Pour le métaphysicien, un chien, c'est souvent « Fido », cette partie animale de l'homme qu'on doit laisser courir sans laisse, de temps en temps. Le degré de domination de l'ego se manifeste dans la taille et le tempérament du chien onirique. Si c'est une grosse bête, brutale et vicieuse, qui tire fortement sur sa chaîne, elle a besoin d'être domptée et contrôlée. Si la chaîne casse, attention ! Si le chien est puissant, mais dompté et doux, c'est un bon signe. Les panthères, les chevaux, les lions et quelquefois les chats (si vous avez des caractéristiques félines dans votre personnalité) peuvent tous être interprétés de cette même façon.

COULEURS :

Les couleurs sont très importantes chez l'enfant qui grandit et il se sentira attiré ou repoussé inconsciemment par les personnes qui portent la couleur symbolique. Les enfants pourront associer, de façon erronée, cette couleur aux auras qu'ils voient, même si en fait aucun lien n'existe entre les deux. Nos étudiants nous ont fourni plusieurs exemples intéressants dont un se rapporte à une blouse de couleur pêche. À la suite d'une leçon au cours de laquelle une étudiante a pu découvrir un sentiment d'hostilité vis-à-vis d'une camarade qui portait une blouse semblable, elle s'est mise à avoir un rêve répétitif au sujet d'une blouse de couleur pêche. Finalement, elle a découvert que, toute petite fille, lors de son premier jour à l'école, elle avait été trop gênée pour s'absenter et aller aux toilettes et elle s'était couverte de honte devant la classe entière. La maîtresse mécontente l'avait réprimandée devant ses camarades. Elle portait, ce jour-là et bien d'autres fois, par la suite, une blouse de couleur pêche et, à chaque occasion, la fillette était si embarrassée qu'elle agissait presque comme une enfant arriérée. Cette réaction a eu une influence durable sur son attitude face aux études.

COUR :

Le premier contact qu'ont les enfants avec la nature a très souvent lieu dans un endroit restreint, comme une cour par exemple. Puisque les jeunes récepteurs sensoriels (vue, odorat, etc.) sont très éveillés aux nouvelles expériences, la cour derrière la maison peut contenir des associations subconscientes durables ; tout comme les quartiers de notre enfance.

ESPÈCES D'ARBRES :

Différents feuillages et diverses espèces d'arbres sont utilisés dans le symbolisme onirique afin de situer certaines régions ou situations telles qu'elles sont décrites dans TOITS.

FLEURS :

Les fleurs offrent une variété d'associations profondes dans le symbolisme personnel, surtout pour les enfants élevés dans des conditions peu naturelles, comme dans les grands immeubles modernes. J'ai de très fortes associations personnelles liées à un vase de chatons et de jonquilles qu'apporta mon institutrice lorsque j'étais au jardin d'enfants. Ce fut pour moi une expérience mémorable. Plus tard a eu lieu une excursion en forêt au cours de laquelle je me suis promenée dans une clairière de campanules. D'autres personnes associent les fleurs à la maladie, ou à la mort d'un parent. Puisque les jeunes enfants ont l'esprit ouvert à la beauté, il vaut la peine d'examiner ces symboles.

VÊTEMENTS :

Les vêtements jouent un rôle semblable à celui des couleurs. Un étudiant s'est souvenu que son frère, portant un costume de mandarin et brandissant une épée, lui avait un jour fait peur. Cette peur le marqua durant plusieurs années. Les costumes nationaux ont également une place bien définie dans le symbolisme onirique et ils représentent souvent des occasions de fêtes. Les costumes portés lors des petites fêtes à l'école semblent laisser une impression durable, surtout si l'on songe qu'on donne souvent aux enfants un rôle adapté à leur personnalité. Les uniformes des scouts, des jeannettes et des louveteaux peuvent prendre, eux, un sens plus profond, associé aux adultes qui dirigeaient le groupe, ou aux jeux auxquels on jouait.

MEUBLES :

Certains meubles peuvent avoir une signification particulière : un fauteuil, un lit métallique, une balançoire, etc. Ils sont souvent associés dans un fichier de la mémoire à des moments de tension ou de satisfaction émotive.

OBJETS :

Les objets sont très en évidence dans notre symbolisme personnel. Une étudiante retrouvait constamment dans ses rêves un cendrier qui évoquait en elle un mélange de sentiments déplaisants. Mais elle ne pouvait se souvenir consciemment de la signification. Puisque ni elle ni son mari ne fumaient (elle détestait l'odeur de la fumée), l'engramme [1] ne pouvait être récent. Par l'analyse des rêves, elle a pu démêler l'histoire.

« Lorsque j'avais deux ou trois ans, ma mère recevait quelquefois un visiteur l'après-midi. Chaque fois, je savais d'avance que ce serait un de ces après-midi terrifiants. Les vibrations de ma mère changeaient complètement. Elle devenait nerveuse, agitée et se fâchait facilement si je déplaçais le moindre objet dans la maison. Immédiatement avant l'arrivée de cet homme, elle sortait un cendrier qui, normalement, n'était jamais utilisé et elle le plaçait sur la table devant le sofa. Je me rends compte maintenant que ce visiteur était son amant. Après quelque temps, elle m'envoyait dans ma chambre et je pouvais entendre d'étranges bruits, des rires aigus et d'autres bruits bizarres que faisaient ma mère et cet homme et qui, je ne sais pourquoi, me remplissaient de terreur et d'un sens profond d'insécurité.

« L'homme repartait et ma mère me laissait sortir et se hâtait de remettre la robe de maison qu'elle portait normalement. Elle ouvrait les fenêtres pour aérer la pièce et enlever l'odeur de la fumée, puis elle vidait le cendrier et le nettoyait avant que mon père ne revienne du travail.

« La situation était rendue à un point tel que je figeais de peur chaque fois qu'elle sortait le cendrier. Plus tard,

---

1. Voir lexique.

je suis allée au jardin d'enfants et je ne sais pas combien de temps cette situation a pu durer. Je n'ai jamais revu l'homme... et j'ai complètement oublié cette première association avec le cendrier. Je me souviens qu'il était ornemental, fait en verre de couleur verte, avec un effet de marbre. Trois mois après avoir commencé les cours de l'Institut, le symbole du cendrier s'est mis à réapparaître régulièrement dans mes rêves. À cette époque, je venais de changer d'emploi et je commençais à être consciente de mes réactions. Chaque fois que j'entrais dans le vestibule de l'édifice où je travaillais, j'avais, devant l'ascenseur, un sentiment de malaise que je reconnaissais vaguement, mais je le croyais dû à un manque de confiance dans ma nouvelle activité. Le sentiment s'intensifiait, puis il disparaissait lorsque j'arrivais à mon bureau. Voilà qu'un soir je rêve que je suis dans le vestibule de cet édifice et que je presse le bouton de l'ascenseur... et, pour la première fois, je remarque les murs du vestibule ; ils sont recouverts de dalles de marbre de couleur vert foncé et de plus, il y a là un cendrier... puis l'horrible sentiment de honte et de terreur. Je n'ai eu qu'à noter trois autres rêves de la sorte pour en déceler les indices et j'ai pu finalement revivre les scènes telles qu'elles s'étaient passées dans mon enfance. Le lendemain, je suis entrée avec confiance dans le vestibule et j'ai caressé allégrement du bout des doigts les tuiles de marbre vert avant de monter au travail. Maintenant, je suis libre. »

MOTIFS :

Comme les couleurs et les vêtements, les motifs dans les tapis, les draperies, les couvre-lits semblent produire une impression qui réapparaît maintes et maintes fois dans l'analyse des rêves rétrogressifs. Il est utile de vérifier si les motifs font partie de vos rêves.

ODEURS :

Puisqu'il est très difficile de réduire les odeurs à un classement et un niveau de pensée bêta, elles jouent un rôle intéressant dans notre symbolisme. Les nouveaux étudiants sont émerveillés de sentir l'odeur véritable de la mer, à mesure qu'ils se rappellent un souvenir qui s'y rapporte. Bien que le rôle des odeurs ne soit pas important dans le symbolisme onirique, il l'est en méditation et pour cette raison, elles sont incluses ici. Quoique l'homme ait appris à se fier davantage à sa vision pour recueillir des informations, son fichier d'odeurs est bien rempli et sert de contrôle. De fait, ce sens est souvent beaucoup plus précis que les quatre autres, car il est réceptif aux délicates nuances vibratoires. Dans mon propre fichier, je me suis rendu compte que lorsque les mains de ma mère sentaient l'oignon, cela signifiait que nous aurions un vrai bon souper : un pâté en croûte ou des pommes de terres au gratin. Je prenais plaisir à entrer dans la maison et à découvrir, grâce aux odeurs, ce qui s'était passé. La fumée me rappelait les cigares du temps de Noël et le plaisir des adultes auquel les enfants ne participaient pas. Les odeurs de shampoing et lotions rappelaient différents garçons et je suppose que les parfums aujourd'hui représentent diverses jeunes filles ; une partie de l'image totale. Les étudiants de métaphysique apprennent à porter une grande attention à l'odeur, parce que c'est une des formes de communication psychique les plus communes, que ce soit à l'état de veille, de rêve ou de méditation.

PAPIER PEINT :

Le papier peint, des chambres à coucher surtout, peut être un signe de restriction (« Va dans ta chambre ! »). Il peut évoquer la maison des grands-parents, une évasion, la peur d'être attaqué (un symbole qui se manifeste plus souvent qu'on le pense), la camaraderie entre frères et sœurs, la culpabilité. Les significations sont différentes selon les individus. Les étudiants font souvent cet exercice avant de se coucher : ils essaient de se rappeler divers papiers peints de leur passé.

TOITS :

Si le message du rêve contient une référence à un village particulier ou à un endroit que vous avez visité, il est fréquemment illustré par une image en survol des toits ou de la ligne d'horizon du village en question, dans le but de relier un incident avec un lieu défini.

Les symboles locaux

Les symboles locaux, puisqu'ils peuvent s'appliquer à plusieurs personnes vivant dans une même région, sont un peu plus faciles à définir, mais, encore une fois, le lecteur doit accorder ce qui suit à son propre symbolisme local. L'introduction de ce livre donne un échantillon de symboles possibles dans une région particulière, à travers l'art, les chansons, le théâtre, etc.

Les symboles locaux sont plus faciles à définir chez ceux qui passent une vie entière dans une culture plus ou moins isolée. Les Indiens du Pérou, par exemple, ont dans leurs cérémonies rituelles, des éléments très définis qui apparaissent maintes et maintes fois. Plusieurs tribus vivent sur des îlots de roseaux qu'elles ont fabriqués elles-mêmes, dans des endroits marécageux, à la lisière des forêts. Elles utilisent le roseau pour fabriquer leurs îlots, leurs bateaux, pour tresser leurs paniers. Le cœur de ces roseaux ressemble à un céleri craquant et est une nourriture de base pour les humains, le bétail et les porcs. Ainsi, dans ces régions, il symbolise la sécurité totale. Chez ces Indiens l'emblème du courage et de la force est le grand aigle qui, quelquefois, porte à Dieu leurs rubans de prières. Cet oiseau représente ce qu'il y a de plus désirable dans les accomplissements humains et il est un symbole pour beaucoup de gens, depuis les temps anciens. C'était l'emblème de certaines légions romaines, des empires français, autrichien, hongrois et aujourd'hui, des États-Unis.

Au Canada, la Nouvelle-Écosse semble être la source la plus riche de symbolisme local. Rêver à un oiseau blanc est un signe de mortalité dans la famille. Rêver d'un navire particulier est la prémonition d'un désastre imminent en mer. Lorsqu'un symbolisme local est clair, on porte une attention sérieuse au rêve et avec raison.

AUTOMOBILES :

Ce symbole peut être rempli de sens, si vous avez vécu à une époque et en un lieu où les automobiles étaient rares. Cette catégorie pourrait comprendre les transports en commun (autobus, taxis), ambulances, Rolls Royce et chauffeur, voiture de police, etc. Le véhicule serait très probablement un symbole global de la situation dans laquelle il figure.

CHAPEAUX :

Mon premier mari a émigré au Canada en 1927. Lorsque le navire a accosté, son premier geste fut d'enlever son chapeau melon et de le jeter à l'eau. Il se détachait symboliquement du passé et cherchait une nouvelle vie. Les vêtements peuvent être un symbole personnel, mais ils ont souvent une signification locale ; en ce sens, le chapeau melon représentait un certain formalisme, une discipline et bien d'autres contraintes.

LEGGO :

(Le mot anglais *leggo* est la marque commerciale d'un jouet d'enfants composé de petits blocs rouges. Il y a ici un jeu de mots intraduisible : « Let go » en anglais signifie « laisse aller » ou « laisse faire », d'où *leggo* — let go). Le symbole *leggo* fournit un exemple concret d'une situation onirique assez commune où des sons semblables, ou des phrases mélangées, peuvent être déchiffrés et avoir un sens cohérent. Ce rêve a été soumis par une étudiante américaine.

« La semaine dernière, j'ai rêvé à Ronald C., un ami de famille et camarade de métaphysique. Dans ce rêve, Ronald est entré dans la pièce et s'est assis en face de moi. Lorsqu'il souriait, je voyais que les petits blocs rouges *leggo* alternaient avec ses dents blanches. C'était vraiment étrange de voir Ronald avec une dent blanche et un petit bloc rouge côte à côte. J'avais cependant un sentiment de satisfaction et de grand soulagement.

« Le soir suivant, Ronald est venu me rendre visite, ce qui est assez rare. Une amie et moi jouions aux cartes. Après une brève conversation, nous avons essayé de convaincre Ronald de nous tirer les cartes et de nous prédire l'avenir. Nous avons insisté et il a accepté de le faire, mais uniquement pour moi. Je me réjouissais, car Ronald tire très bien les cartes lorsqu'il est en forme. Il m'a demandé de faire un vœu. Ce que je fis. "Ton vœu peut se réaliser, mais uniquement si tu ne t'y accroches pas. Ne t'y accroche pas," dit-il. L'émotion du rêve s'est répétée à ce moment. Puis j'ai fait l'association symbolique. Les *leggo* représentaient le conseil de Ronald, "let go" (laisse aller) et j'ai compris que si je suivais son conseil, mon problème personnel se réglerait.

« Mon vœu concernait mon fils qui était en difficulté avec la loi. Je l'ai toujours trop protégé et je ne le laissais pas prendre ses responsabilités et devenir un homme indépendant. Le jour suivant, son conseiller est venu me voir et j'ai pu voir d'un nouvel œil le problème de mon fils, grâce à ce message : "laisse aller". Je suis maintenant convaincue que c'est la clé qui réalisera mon vœu, et que mon fils réglera ses problèmes. Ronald n'avait aucune idée de mon vœu ni de la nature du problème. »

N.B. Se référer à OCCUPATION pour plus de renseignements sur ce rêve.

MANQUER LE BATEAU, L'AUTOBUS, L'AVION, ETC. :

Dans certaines régions, c'est le signe de la perte totale d'une chance d'accomplissements ou autre (si le bateau ne passe que très rarement), ou d'un manque de satisfaction vis-à-vis de la rapidité de son progrès personnel. C'est souvent un avertissement qu'on est négligent dans sa préparation, ou trop tendu pour bien réussir.

MARÉE :

Se retrouver sur le rivage au reflux de la marée indique un potentiel gâché. Voir le flux de la marée, c'est l'occasion de prendre en main une situation qui conduira vers de nouvelles réalisations créatrices.

OCCUPATION :

Le contenu des rêves « locaux » est influencé par la formation spécialisée ou professionnelle qu'on a reçue ; c'est un fait dont on doit tenir compte en examinant le symbolisme local. Cela s'applique particulièrement aux personnes dont l'emploi requiert l'utilisation spécifique de l'un des organes sensoriels, tels les dégustateurs de vins, de fromage ou de thé, ou ceux qui doivent identifier des odeurs, des sons ou des textures. L'homme moyen considère que la vue est, de tous les sens, le plus précis. Mais il a été prouvé à maintes reprises que le cerveau choisit ce qu'il veut voir et rejette toute information qui prête à conflit ou à confusion, même si cela le conduit à une conclusion illogique. Par exemple, un sujet qu'on placerait dans un petit cylindre rotatif, dont les parois sont aménagées pour ressembler à des fenêtres, rejettera l'information visuelle lui indiquant que les fenêtres tournent, même si l'on passe une baguette par l'ouverture pour lui prouver qu'elles tournent bien. L'étudiant qui a rêvé aux *leggo* était un correcteur d'épreuves, un professionnel habitué aux mots, ce qui explique l'importance du jeu de mots dans le contenu « local » de ses rêves. Le goût peut être utilisé pour transmettre un message semblable à un dégustateur de thé, de même que les signes astrologiques pour un astrologue, ou les positions de yoga pour un yogi.

En tenant compte de cela, nous pourrions placer trois hommes de profession différente dans une situation commune et nous remarquerions une grande variété dans le contenu de leurs rêves. Plaçons-les pendant une nuit, dans un château réputé hanté. Minuit sonne, la température baisse. Un vent glacial balaie les corridors mal éclairés. Un cliquetis de chaînes accompagne un étrange bruit de pas, une odeur d'humidité se répand dans l'air et précède l'apparition d'un spectre. Supposons qu'un des trois sujets soit un physicien, fortement orienté vers l'accumulation matérielle des faits ; l'autre est un enquêteur psychique, familiarisé avec ce genre de phénomène ; le troisième est un homme ordinaire. Que se passera-t-il dans le cerveau de chacun une fois qu'ils se seront couchés ?

Nous supposons que le scientifique rejettera totalement l'existence des entités désincarnées et ainsi, son ego s'affairera dans les fichiers de son ordinateur. Il analysera les données, y ajoutant, soustrayant ou tronquant une partie ici et là, afin que l'information corresponde à la structure logique. En jonglant avec une algèbre compliquée, le scientifique arrivera peut-être à justifier la baisse de la température, l'odeur et les effets sonores. Toutefois, parce qu'il a tellement confiance en son expérience visuelle, il devra passer la majeure partie de ses rêves à essayer de rendre celle-ci acceptable à sa logique. Il se peut que cette expérience demeure un facteur psychique importun qui le hantera le reste de sa vie.

Un métaphysicien accueillerait favorablement cette gêne de l'identité. Car un individu n'a aucune chance de développer son ESP, (Perception extra-sensorielle) de mettre le pouvoir des rêves à son service à moins qu'il existe une faille dans la structure logique de ses expériences de vie. Le scientifique, cependant, afin de maintenir son équilibre, devra se réveiller le lendemain et faire fi de tout cet épisode ! Son ego travaillera nuit après nuit pour réduire l'évidence perçue par les sens et l'accommoder à son schème de pensée préconçue. L'enquêteur psychique n'aura pas à passer tout ce temps à trier l'information, puisque de tels épisodes sont assimilés aisément dans la structure logique de son esprit ouvert.

Le troisième homme, n'étant ni opposé ni favorable

à l'idée du spectre, n'aura pas nécessairement à accorder trop de temps à rationaliser l'événement, puisque le sujet pourrait ne lui être d'aucun intérêt. Si, toutefois, il avait un esprit très analytique, il ajouterait foi davantage à l'évidence visuelle qu'aux autres indices sensoriels. Cet homme aurait aussi une faille dans sa structure logique le rendant plus ouvert à d'autres suggestions d'ordre psychique.

L'ego classe les données selon l'importance qu'elles ont pour sa survivance et sa satisfaction émotive, tout en fondant ses décisions sur le « plaisant » et le « déplaisant », en fonction des goûts de l'identité.

L'ego du scientifique serait totalement préoccupé à réfuter l'évidence de l'existence d'une intelligence désincarnée (ignorant, bien entendu, le fait que la nature offre continuellement, dans ses multiples manifestations, l'évidence de la complexité glorieuse d'une intelligence désincarnée, car la beauté de ce monde sans pareil n'a sûrement pas pu être créée par une rencontre hasardeuse et fortuite d'atomes). L'ego dirigera furieusement l'activité de son système de fiches et de connaissances ainsi que sa capacité analytique, afin de se donner raison et de rejeter le concept d'une réalité psychique. Dans ces circonstances, le scientifique essaiera de se raccrocher à la moindre indication avec le même parti pris émotif qu'un autre homme, alors même que son ego protestera de son objectivité et de son détachement.

Le psientifique passe des années d'analyse de lui-même assidue à démêler tout ce labyrinthe et il cherche ardemment à atteindre la clairvoyance (vision claire). Aucun être humain n'est totalement objectif, mais au moins, le métaphysicien tente sa chance.

POMMES :

Ou la cueillette des pommes. Ce symbole comporte des significations dans les quatre catégories et il est donc difficile de le limiter à un seul sens. Aux États-Unis et au Canada, la tarte aux pommes est un symbole commun de la mère, de l'affection et de la sécurité, dans ces régions où on tire une certaine fierté de cette pâtisserie. Pour un homme, ce peut être le signe qu'il est encore attaché à sa mère et qu'il n'a pas coupé le cordon ombilical, ou que son mariage n'est pas satisfaisant et qu'il désire avoir une bonne épouse, comme celle de son père.

SABOTS :

Ils représentent pour une personne des Pays-Bas à peu près la même chose que le chapeau melon pour l'Anglais. Tout emblème local peut être examiné pour des significations semblables.

SPORTS :

Un partisan enthousiaste des sports pourra découvrir un symbolisme local précis semblable à la catégorie « occupation ».

SUBIR UN EXAMEN :

Rêver d'un examen, que ce soit à l'école, pour un emploi au gouvernement, pour obtenir son permis de conduire, dénote une attitude anxieuse face aux épreuves. Cependant, il nous a été confirmé maintes fois qu'une personne qui a atteint un certain degré de développement psychique peut rêver des questions mêmes qui seront posées le lendemain. Selon plusieurs psychologues, il y a un autre aspect aux rêves d'« examen ». Afin de donner à l'identité une plus grande confiance avant l'épreuve, l'ego peut choisir de repasser certains épisodes d'épreuves antérieures qui ont été subies avec succès. Sigmund

Freud a admis avoir souvent rêvé à des examens d'histoire, le sujet dans lequel il excellait. Chaque fois qu'il était tendu, le rêve d'histoire avait lieu et il ne rêvait jamais des épreuves dans lesquelles il avait échoué. Il serait intéressant de connaître les rêves des personnes qui semblent avoir été programmées à échouer, afin de vérifier si l'ego choisit de repasser des résultats positifs ou négatifs pour motiver inconsciemment l'identité. Les rêves d'examen seront différents selon les régions. Ainsi, le jeune Africain rêvera des rites de la circoncision au moment de la puberté, ou de sa première chasse au lion. C'est pourquoi nous avons classé les rêves d'examen dans la catégorie locale.

VALISE:
Si la valise fait partie de la tradition locale, elle peut être symbolique de l'identité. Cette catégorie se rapproche de la catégorie « faire ses valises » dans les symboles universels.

Les symboles ethniques

Au début de l'histoire humaine, lorsque la vie était peu compliquée, les gens passaient une existence entière dans une seule région. L'homme était moins inhibé en ces temps-là et son symbolisme onirique exprimait plus clairement et plus librement ses pensées les plus intimes. L'absence d'un système d'éducation étendu rendait les symboles ethniques, culturels et locaux assez uniformes. Chaque tribu avait son interprète, ses rituels établis, son costume national, ses objets sacrés, son art, etc.

Maintenant que les distances terrestres ne comptent plus et qu'une expédition qui, autrefois nécessitait plusieurs mois s'accomplit en quelques heures par avion, très peu de groupes raciaux ont pu conserver la pureté originelle de leur expression culturelle. La rue principale à Tokyo se confond à s'y méprendre avec celle de New York ; on y retrouve des hot-dogs, des frites, du poulet à la Kentucky, des groupes rock aux yeux en amande.

Pourtant, certains signes culturels et religieux de base demeurent ; ils ont été transmis de père en fils et ont une influence précise sur les rêveurs. Il est facile toutefois de voir qu'il s'y mêle des emblèmes locaux, des signes personnels et même des symboles universels.

Les rêves où apparaissent des personnages religieux importants sont communs à toutes les cultures. L'image du Bouddha pour un rêveur bouddhiste fera place à celle de Krishna chez l'Hindou.

Les étudiants chrétiens mentionnent souvent des rêves où figure le pape ou un membre de la sainte Famille. Il est à noter qu'un noir rêvera plutôt d'un Christ noir, tandis que pour un Italien, le Christ peut ressembler aux dessins de Raphaël. Cela indique clairement que le cerveau-ordinateur ajoute des détails au message original et transforme le concept jusqu'à ce qu'il soit acceptable au rêveur.

On pourrait passer une vie entière à étudier les symboles oniriques ethniques et religieux. Mais le but ici n'est que de fournir une quantité suffisante d'exemples pour stimuler le lecteur à chercher les facettes culturelles et confessionnelles qui auraient pu exister dans son propre milieu. Les idées qu'a semées votre grand-mère, surtout lorsqu'elle vous berçait en vous caressant tendrement, pénètrent au plus profond du subconscient et sont une force onirique dont le pouvoir est durable.

AGNEAU :
Le sacrifice symbolique.

BAGUE :

Un gage d'amitié et d'amour de la part de celui qui l'a donnée. Un anneau brisé marque la fin de l'amitié.

BOUE :

Être pris dans le matérialisme.

CERCUEIL :

Il a des significations bonnes et mauvaises ; tout dépend de la personne qui est étendue dans le cercueil. Dans beaucoup de pays européens, il indique un mariage prochain pour celui qui y repose. En science-psi, il peut indiquer qu'on désire se libérer de la personne qui l'occupe.

CHANDELLE :

Allumer une chandelle, c'est essayer de réaliser un souhait. Chez certains groupes, brûler la chandelle par les deux bouts, c'est signe qu'on vit trop vite.

CHAT :

Dans plusieurs sociétés, un chat, surtout un chat noir qui traverse votre chemin, porte malchance.

CHAUVE-SOURIS :

Dans la plupart des pays européens, elle représente tout ce qui est terrifiant et menaçant.

CHEVALIER :

Noblesse et vaillance contre le mal.

CIMETIÈRE :

Un symbole morbide qui dénote une peur de la mort ou des morts.

CLOCHES :

Si elles sonnent le tocsin, c'est de mauvais augure ; si elles carillonnent, c'est de bon augure.

DENTS :

Ces rêves sont communs à toutes les cultures, mais le sens varie de l'une à l'autre. Perdre ses dents, c'est avoir peur de vieillir et de perdre sa beauté physique. Perdre une seule dent, c'est perdre une amitié intime. Beaucoup de gens croient que cela indique une mort dans la famille. Mais puisque un grand nombre de personnes grincent des dents la nuit (un fait que vous pouvez vérifier en examinant si vos dents ne sont pas un peu plus branlantes d'un côté que de l'autre), bon nombre de rêves sur ce sujet pourraient être l'indication de nervosité.

DIABLE :

Je n'ai jamais cessé d'être étonnée du nombre d'étudiants qui rapportent des rêves d'enfance où figure le diable. En métaphysique, le diable, évidemment, c'est l'ego incontrôlé. Sa forme varie selon la culture. En rêve, il est un avertissement du fait que l'ego prend le dessus et menace de punir ou de s'emparer de l'identité, si le rêveur cède à la tentation.

DRAGON :

Un autre symbole du diable. Il est à espérer que cette fois, il se fera tuer par saint Georges, ou quelque personnage semblable.

DONJON :

Symbole médiéval qui représente la sombre nuit de l'âme, l'emprisonnement du psi aux confins de l'erreur mortelle.

ÉGLISE :

Un signe d'autorité et de protection.

ÉLÉPHANT :

La trompe dressée : bon signe ; la trompe baissée : malchance. Dans beaucoup de pays, il représente la richesse et la puissance. Un éléphant blanc est signe d'une marchandise qui est plus encombrante que sa valeur, ce qui fait d'elle plus un inconvénient qu'un avantage.

FEU :

Pour certains, un principe de purification. Pour ceux qui ont été élevés sous la menace des flammes éternelles, un signe de punition. Il peut aussi symboliser la puissance. On se demande si ces significations ont une influence sur l'incendiaire.

FILET :

Prendre ou être pris ; si le filet est rempli de poissons, c'est signe d'une fortune à venir.

FLÈCHE :

Un symbole de virilité ; le désir de conquérir ou d'être conquis par un membre du sexe opposé.

FUMÉE :

Si on est entouré de fumée, ou si on marche dans la fumée ou le brouillard, cela signifie qu'on n'a pas une bonne perspective et qu'on manque de direction.

MENDIANT :

Si un mendiant vient quêter dans vos rêves, c'est un signe que vous devez être plus libre dans vos dons et votre affection et plus libéré de vos attitudes rigides.

MOUTON NOIR :

Une personne qui s'est écartée des normes sociales.

NEIGE :

Marcher dans la neige dénote un manque d'éveil aux valeurs spirituelles. Souvent, lorsque ce symbole se manifeste, le rêveur peut également voir des fleurs s'épanouir juste devant lui, très loin devant lui, ou de l'autre côté du chemin. Il doit donc changer de direction, ou poursuivre son chemin vers de meilleures choses, selon la voie indiquée par le rêve. Pour d'autres groupes ethniques, le symbole prend la forme du désert ou d'une abondante végétation.

NID DE CIGOGNE:

La chance ou une naissance dans la famille.

NUDITÉ:

Recommencer à zéro.

OISEAU:

Dans plusieurs cultures, un oiseau blanc solitaire est le symbole de la mort.

OR:

Richesse temporelle et, quelquefois, richesse spirituelle.

PARADE:

Une fête à venir, ou la reconnaissance d'un accomplissement.

RAT:

Des rats qui désertent un bateau ou un village sont le signe d'un désastre imminent.

RIZ:

Abondance, joie, festivité, plaisir.

SAINT:

Si on rêve à un saint particulier, c'est signe qu'on aura bientôt besoin de son patronage: saint Christophe, par exemple, signifie un voyage imminent; saint Georges, un conflit moral où le bien triomphera du mal.

SERPENT:

Tentation subtile.

VENT:

Le vent, c'est le souffle de la vie, la promesse d'un pouvoir purificateur qui peut balayer devant lui toute autre force inférieure.

Les symboles universels

Les symboles universels traitent des questions de base : les impulsions profondes, viscérales, biologiques, psychologiques et spirituelles que couve chaque cœur humain. Il est vrai qu'ils sont quelquefois colorés par des nuances personnelles, locales et ethniques, puisqu'ils doivent passer par l'ordinateur cérébral pour devenir des idées conscientes, mais peu importe les diverses notes que joue le duo psi-ego, le thème même est universel.

Ces symboles deviennent plus clairs à mesure que l'étudiant « déprogramme » son cerveau et que le psi n'a plus à louvoyer pour transmettre son message. Le contenu des rêves se clarifie peu à peu, jusqu'au point où le symbolisme est à peine nécessaire. Les rêves deviennent alors clairs, sans détour et sont parfaitement intelligibles à l'identité. Ainsi, si on rêve à un as de pique, on peut être certain que c'est un pique, et non quelque signe obscur.

Un certain temps et une application acharnée sont nécessaires avant d'atteindre cet heureux état de choses, mais tout le monde peut y accéder.

Lors de ma dernière visite à Winnipeg, j'ai fait un rêve qui a failli devenir un vrai cauchemar. C'était la première fois que cela m'arrivait, à ma souvenance.

Dans mon rêve, j'étais pourchassée par le plus horrible groupe d'hommes que vous puissiez imaginer. Ils étaient tous vêtus de blanc, ils portaient d'énormes seringues, des lances et avaient nettement l'intention de me capturer et de me torturer. En même temps, je cherchais quelque chose, mon petit chien Kim qui, lui aussi, fuyait ces hommes. J'aurais pu m'évader assez facilement et déjouer leurs intentions, mais je demeurais dans leur champ de vision, sachant qu'ils attraperaient Kim si je me sauvais.

Ce rêve représentait un de mes conflits intérieurs les plus profonds : l'utilisation d'animaux de fourrière dans les expériences de laboratoire. Voici comment je vois la chose. Si les scientifiques travaillaient avec le même esprit, la même sagesse que Billie l'indien, avec les mêmes égards et le même respect pour les animaux que l'Esprit, alors tout serait parfait. Dans ces conditions, je ne serais pas opposée, en principe, aux expériences de laboratoire sur les animaux. Mais à l'heure actuelle, dans les conditions cruelles qui y règnent, alors que l'on n'accorde pas la moindre attention aux besoins psychologiques des bêtes, la seule pensée de la vivisection m'est pénible.

Le soir même du rêve, j'avais donné un cours et, avant de me coucher, j'ai jeté un coup d'œil sur le journal. J'ai remarqué un article qui annonçait de nouveaux règlements concernant les chiens égarés, ce qui voulait dire que les animaux perdus aboutiraient rapidement au laboratoire. Normalement, cela ne m'aurait pas causé trop de soucis.

Mais ce soir-là, mon petit chien Kim avait des ennuis à Ottawa. Je n'ai cependant pris conscience de ce fait qu'un mois plus tard, lors de mon retour.

Kim n'est qu'un petit chien domestique et lorsque je suis à la maison, il me quitte rarement. Il se couche sous mon pupitre quand j'écris, il se promène en voiture avec moi et ne sort que pour ses besoins, puis il revient aussitôt. Lorsque je suis à la maison, il reçoit, en plus de sa nourriture, quelques friandises.

En face de chez moi, vit une dame qui a deux petits enfants, et qui aime beaucoup les chiens. Quelquefois,

Kim lui rend visite et il reçoit un bel os savoureux. Alors que j'étais en voyage, ma voisine dut aller à l'hôpital subir une opération et elle avait engagé une bonne pour veiller sur sa famille. C'était au mois de janvier et à cause de la neige et de la glace, sa porte de derrière ne fermait pas bien. Lorsque Kim est sorti ce soir-là pour s'occuper de ses affaires, il est allé leur rendre une petite visite et il s'est mis à gratter à la porte de derrière afin de pouvoir entrer et visiter la poubelle à l'intérieur. Il a gratté avec tant de détermination que ses griffes ont fait un trou dans le nouveau tapis de la voisine ; un incident sérieux dont j'étais responsable. Monsieur N. n'était pas du tout ravi et avec raison. Mais ce n'est qu'à mon retour, lorsque sa femme m'a téléphoné pour se plaindre que j'ai compris la signification de mon rêve nocturne, car ma famille n'a pas eu conscience de l'incident.

Même au cours du rêve, une autre partie de mon esprit interprétait la scène comme une menace pour Kim : la fourrière. Il irait dans un de ces laboratoires dont je considère les méthodes d'opération répugnantes et qui furent bien représentées par les visages de mes poursuivants, convenablement exagérés par l'ego.

Les métaphysiciens associent les animaux aux enfants : de magnifiques produits de l'esprit divin. Les uns et les autres doivent être chéris comme un don miraculeux du ciel. Nous préconisons certainement un plus strict contrôle de la reproduction de toute espèce, mais il s'agit, avant tout, de s'émerveiller et d'apprécier davantage ceux que nous avons.

ACCIDENT :

Il peut représenter un manque de confiance, ou la peur de faire une erreur (renverser de l'encre sur une toilette de fête, par exemple). Ce peut être un avertissement d'avoir à porter plus d'attention à ce que vous faites. Si le rêve est très précis et détaillé, ce peut être un rêve précognitif ou clairvoyant, concernant un événement qui se déroule au moment même. La notation assidue de vos rêves vous permettra d'en distinguer, après quelque temps, les diverses nuances.

ACTEUR :

Si ce rêve a lieu à la suite de la lecture de ce livre, ce peut tout simplement être l'esprit qui continue à jongler avec l'information qui vient d'être fournie à l'ordinateur. Si, toutefois, ce symbole revient de façon assez régulière, c'est que vous avez le désir de vous exprimer, le besoin de vous détacher de la foule et de jouer un rôle plus actif sur la scène de la vie. Si le rêveur n'est pas très mûr sur le plan émotif, ce symbole peut souligner un grand besoin d'attention ou d'affection, le désir de se faire remarquer.

ALPINISME :

Ce rêve s'est répété plusieurs fois au cours de mon propre développement. Dans mon cas, la montée était gênée par un panier plein d'objets personnels et d'amis qui ralentissaient constamment mon allure. J'ai dû abandonner une bonne partie de ma charge ; la montée en fut considérablement facilitée. Rêver d'escalader une montagne, c'est un bon rêve, bien que le sommet puisse sembler très éloigné. Il est toujours possible de jeter un regard en arrière afin de voir tout le chemin qu'on a accompli à partir du fond du gouffre. Ce rêve nous rappelle également que nous pouvons facilement glisser, que les saillies où nous nous reposons sont fragiles et que nous ne devrions oser nous détendre que lorsque nous aurons atteint le sommet.

ANGE :

Rêver d'un ange ou d'un autre symbole divin, c'est signe que l'aspect « psi » de votre personnalité essaie d'imprimer sur le conscient la preuve de l'immortalité de l'homme. Si les traits et les manières de ce personnage sont très clairs, ce peut être votre guide qui manifeste sa présence.

ANIMAUX :

Il est surprenant de voir le nombre de personnes qui associent les animaux à des facettes de leur propre personnalité. L'oie sauvage et la liberté de vol, l'aigle et le pouvoir, le lion et le courage, la chauve-souris et les actions nocturnes, le hibou et la sagesse, le serpent et la dissimulation, le loup et la ruse, le bouledogue et la ténacité, la colombe et la paix, etc. Afin d'analyser les rêves d'oiseaux ou d'animaux, vous devriez commencer par déterminer ce que vous associez consciemment à chaque symbole. Les métaphysiciens ont un symbolisme animal bien défini. « Conduire le cheval noir », c'est prendre un animal indompté et en faire une monture parfaite pour le psi. La panthère est notre symbole de l'ego prédateur qui se tient à l'entrée de la caverne de l'esprit. Lorsque par la lecture, nous essayons de nourrir l'esprit « spirituel », la panthère saisit la nourriture avant même que le psi puisse l'atteindre. On peut se représenter le psi comme un enfant mal nourri qui vit au fond de la caverne. Quand l'étudiant apprend à méditer, il réussit à apporter de la nourriture au psi, en passant par l'entrée de derrière, tandis que la panthère dort. Les rêves de l'étudiant témoigneront ensuite de l'équilibre psi-ego. Il est à espérer que l'enfant engraisse un peu et que la panthère devienne moins féroce, jusqu'au jour où un esprit d'équipe entre les trois éléments de la personnalité est formé lorsque le jeune homme (ou la jeune fille), vaillant et résolu, peut tenir la panthère en laisse. Mais le psi est un maître bienveillant qui laisse souvent la panthère en liberté lorsqu'il a l'assurance qu'elle est suffisamment dressée pour lui obéir. On nomme alors la panthère « Fido » et elle devient un compagnon fidèle.

AVEUGLEMENT:

Si vous rêvez que vous êtes aveugle ou que vous avez les yeux bandés, regardez qui pourrait bien vous circonvenir. Regardez s'il n'y a pas une situation évidente pour tout le monde, sauf pour vous; peut-être une facette de votre personnalité dont vous devez vous occuper.

BATEAU:

Pour le métaphysicien, un bateau peut symboliser un message écologique ayant trait à la santé de la terre (notre vaisseau spatial dans la mer des cieux). Cela peut aussi être une indication que vous n'êtes pas seul dans votre odyssée et que vous avez des compagnons qui font la route avec vous. Les petites chaloupes ou les frêles esquifs qui viennent accoster près du bateau pour un moment représenteraient les membres d'un groupe social, ou philosophique, un peu comme le nôtre, qui s'arrêteraient pour partager un peu d'amitié au cours de leur odyssée solitaire, car on ne peut traverser la mer de la vie que par ses efforts individuels, même si quelquefois aide et repos sont donnés.

BOÎTE OU CONTENANT:

Ce symbole, comme la plupart des autres, avait une signification sexuelle dans le symbolisme « freudien ». Son sens, en métaphysique, se rapproche des rêves de « portes », mais n'est pas aussi évident. Attention aux beaux emballages qui peuvent cacher des contenus qui ne sont que des déchets.

CAGE, CONFINEMENT, CAPTURE :

Signe de frustrations profondes contre les conditions de votre vie présente. Le désir d'être libre, soit des circonstances extérieures soit des liens intérieurs. Si vous semblez heureux dans votre cage, c'est beaucoup plus sérieux que si vous luttez pour vous libérer. Les barreaux ou les murs de votre prison peuvent être solides comme du roc ou durs comme du fer. S'il y a des failles qui permettent à la lumière du jour d'entrer à l'intérieur, essayez de regarder dehors. S'il n'y a aucune faille dans le mur, ou s'il n'y a aucune lumière, l'état est manifestement plus sérieux que si la structure est en train de s'effondrer.

CHALOUPE :

Chaloupe, ou canot, ou canot de sauvetage. Si vous maintenez votre chaloupe à flot, ce rêve est de bon augure. Si vous quittez la rive pour des eaux inconnues, c'est un signe prometteur qui indique que vous utilisez de nouvelles idées, que vous avez l'esprit d'aventure et que vous essayez de naviguer dans les eaux de la vie. (Voir aussi les catégories « océan, plage ».) Si votre bateau est à la dérive, sans gouvernail, s'il coule, ou si vous êtes incapable de naviguer, comparez-le avec les situations de votre vie quotidienne.

CHEMIN :

Si vous arrivez à une croisée de chemins, ou si vous avez à choisir une route, cette situation va se produire. Il y a souvent un choix à faire entre les chemins (l'un peut être bien défini, bien tracé, l'autre vague et couvert de ronces). Il est à espérer que vous saurez instinctivement quel chemin choisir, même s'il ne semble pas être le plus plaisant. Si vous devez choisir entre plusieurs routes, c'est vraisemblablement un signe d'indécision mentale. Si le chemin tourne en rond, faites attention. Cela démontre un attachement rigide à une programmation qui n'offre aucune solution constructive. Être perdu ou égaré, c'est un autre aspect de ce rêve ; dans cette situation, essayez d'inciter une partie de votre esprit à prier pour recevoir de l'aide. Selon mon expérience, la façon la plus rapide de résoudre les situations oniriques difficiles, c'est de prier et de demander de l'aide en toutes circonstances.

CIEL :
Le psi désire être libéré.

COMPAGNON :
Un compagnon de rêve dont on est conscient, vaguement ou clairement, est un excellent signe. Dans des circonstances normales, le métaphysicien saurait qu'il est un hôte éthéré venu l'escorter à travers les régions astrales. Ces compagnons de rêve peuvent porter des vêtements très différents, allant du costume angélique le plus soigné au complet sobre de l'homme d'affaires. Cette dernière mode vestimentaire dénote un plus haut degré de compréhension, ou du moins une perspective plus simple que chez le rêveur dont le compagnon éthéré se présente sous l'aspect d'un ange classique. Mais c'est surtout une question de préférence personnelle ;

n'accordez donc pas trop d'importance à ce détail. L'expression du visage et les vibrations rayonnantes du compagnon sont une indication plus certaine de sa nature.

CULPABILITÉ :

Un sentiment de culpabilité indique que la personne s'est écartée de sa programmation de base et qu'elle s'est créé ainsi un conflit mental. Il se peut que la culpabilité soit logique ou illogique. Au début du développement de la psyché, il s'agit sans doute de culpabilité illogique. Chez l'étudiant avancé qui comprend la loi, ce peut être le signe d'une inconduite véritable.

DÉFUNTS (LES) :

Peu de gens se rendent compte de la facilité des communications interdimensionnelles à l'état de rêve. Presque tous les métaphysiciens ont fait l'expérience, en rêve, d'une rencontre heureuse avec des êtres aimés défunts. C'est un point que venaient corroborer inlassablement les auditeurs lorsque nous faisions des émissions à ligne ouverte à la radio. Il est difficile de comprendre ce genre de rêve avant qu'il fasse partie de votre expérience personnelle. On peut augmenter la fréquence de ces rêves en dirigeant consciemment son foyer d'attention sur le défunt qu'on veut contacter. Prenez garde cependant que ce genre de rêve ne devienne une préoccupation morbide, car cela pourrait faire fuir la réalité mortelle et renverser l'équilibre délicat de votre foyer d'attention bi-dimensionnel.

EAU :

C'est le grand symbole de la vie. Si vous marchez dans une eau boueuse, vous avez besoin de nettoyer votre lac mental. Les petits poissons dans l'eau représentent les délicieuses surprises de la vie. Un lac limpide dénote un équilibre psi-ego. Se tremper ou se baigner dans l'eau et en sortir couvert de petits animaux laids et gluants, est un signe que le rêveur a de mauvaises fréquentations, qu'il est en danger de contamination morale dans une situation qui, de prime abord, semble innocente : prendre des drogues, ou prendre un verre entre amis après le travail, trop parler, faire des excès dans ses plaisirs personnels, etc. Si on peut voir la boue au fond d'une eau claire, il est nécessaire de travailler davantage afin d'arriver à la racine des idées préconçues qui sont encore cachées.

EAUX D'ÉGOUT :

Les eaux d'égout ont des significations bonnes et mauvaises. Si vous rêvez franchement aux eaux d'égout, vous avez probablement une idée de l'énorme nettoyage mental qui doit être entrepris, tandis que la personne qui ne rêve qu'à une eau boueuse est encore trop inhibée pour nommer les choses par leur nom. De toute façon, dans un cas comme dans l'autre, il y a beaucoup de nettoyage à faire.

ENFANT :

Rêver à un petit enfant fait partie des rêves rétrogressifs. Bien que le visage puisse être celui de votre fille, de votre sœur... le but du rêve est sans doute de vous montrer un aspect de votre personnalité. Un groupe d'enfants peut représenter vos anciens amis ou camarades de classe qui ont influencé le développement de votre identité.

ENTERREMENT :

L'obstruction des voies respiratoires peut être une cause de ce rêve. Tout comme les rêves de la mort et de la naissance, il peut marquer la fin d'une vieille habitude mentale qui sera bientôt remplacée par une nouvelle. Si vous connaissez la personne qu'on enterre, faites attention à l'élément freudien, ou cherchez une facette de votre personnalité qui peut être semblable à celle du défunt. Souvent, les attitudes qui nous déplaisent chez les autres sont les nôtres. Il est possible aussi que ce soit un rêve précognitif, mais c'est assez rare.

ÉPOUSE :

Ce rêve témoigne d'un reste d'attitude qui date d'avant la libération de la femme lorsqu'on enseignait encore que le mariage était le seul rôle acceptable pour une belle jeune fille. C'est un symbole très flexible qui disparaîtra sans doute dans les années à venir, tandis que, par le passé, il représentait l'aboutissement des aspirations terrestres de la femme, son couronnement, son but ultime.

ÉQUILIBRE :

Un symbole très significatif en ce qui concerne l'équilibre PSI-EGO. L'auteur Aldous Huxley le décrit ainsi :

« L'homme est une créature sur une corde raide. Il avance en équilibre précaire, l'esprit et la conscience d'un côté, l'instinct et tout ce qui est inconscient, terrestre et mystérieux de l'autre. L'équilibre, c'est diablement difficile. »

Nous avons plusieurs versions de ce thème de l'équilibre. Si on possède une surabondance de biens matériels ou de richesses extérieures (intelligence, éducation, satisfaction charnelle, etc.), il faut équilibrer avec grand soin sa vie du côté spirituel du balancier. Les rêves peuvent indiquer ces zones où la personne manque d'équilibre. Huxley a raison, il est difficile de maintenir l'équilibre parfait.

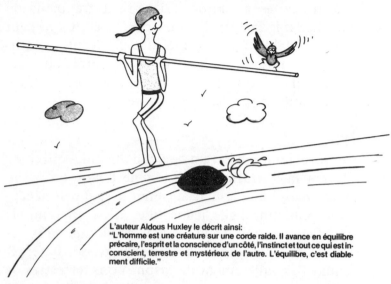

L'auteur Aldous Huxley le décrit ainsi:
"L'homme est une créature sur une corde raide. Il avance en équilibre précaire, l'esprit et la conscience d'un côté, l'instinct et tout ce qui est inconscient, terrestre et mystérieux de l'autre. L'équilibre, c'est diablement difficile."

FAIRE SES VALISES:

Nous avons déjà expliqué, dans ce livre, que l'identité est comme une valise dans laquelle le psi peut ranger sa richesse d'expérience terrestre pour l'emporter chez lui, le moment venu. Si vous faites ce rêve, notez bien le genre de richesses que vous accumulez. Accumulez-vous beaucoup de bagatelles et d'expériences sans valeur? C'est un excellent rêve qui vous permet d'évaluer l'état de votre développement actuel.

FLEURS:

Une seule fleur peut avoir son propre symbolisme: les roses, par exemple, représentent l'amour. Mais lorsqu'on rêve à des parterres de fleurs, c'est le psi qui salue affectueusement le conscient. Tous les rêves paisibles et tranquilles, les rêves de beauté, peuvent être inclus dans cette catégorie. Le rêveur s'éveille avec un sentiment de joie et de communication spirituelle profonde.

FRUITS :
Vérifiez d'abord si votre corps a toute la vitamine « C » qu'il lui faut. Ce facteur physique éliminé, le rêve peut revêtir d'autres sens. Ce peut être un fruit « mort » ou « vivant ». « Mort », c'est un fruit ordinaire qui témoigne d'un but physique que vous voulez atteindre ou accomplir. Les rêves de fruits vivants sont autre chose. Ils peuvent vous prouver que la terre et toutes les choses vivantes sur la planète sont en vie. Dans ce rêve, vous pouvez vous retrouver sous un arbre luxuriant. Vous examinez le fruit et vous remarquez qu'il bouge, qu'il se tourne, qu'il resplendit de couleurs et de vibrations rythmiques. Il vous salue et brille de reconnaissance et, comme vous lui répondez, il répond à son tour en frétillant de joie. Quelquefois, il vous invite à entrer en lui pour que vos vibrations se mêlent. Cette expérience prouve que votre esprit et celui du fruit ne font qu'un. Ce genre de rêve peut s'appliquer aussi aux fleurs.

FRÈRES/SŒURS :
Existe-t-il une rivalité inconsciente ? Vérifiez les aspects de votre personnalité ; le rêve peut en être un miroir. Si ces frères ou ces sœurs vous sont très chers et qu'il existe un lien sympathique puissant entre vous, comme chez les jumeaux par exemple, il s'agit probablement de voyance ou de précognition.

GOUFFRE :
Être au fond d'un gouffre ou d'un abîme, c'est signe que vous êtes descendu aussi loin que possible et que la seule issue désormais est vers le haut.

JARDIN :

Une autre version du rêve des fleurs ou du fruit vivant. Tout le jardin Terre, arbres, eau, fleurs, verdure, fruits, etc., est en vie et vous accueille comme un ami. Après un tel rêve, vous ne serez plus jamais le même. Vous *savez* que la terre est composée d'une essence vivante et non pas de matière morte. Vous comprenez parfaitement ce qui est écrit dans le livre *L'aura humaine*, lorsque le Seigneur dit : « Que la lumière soit et la lumière fut ».

LUTTE :

Un état un peu plus favorable que celui de la poursuite ; il dénote une plus grande détermination à surmonter les obstacles. Ce peut être une lutte contre ses propres désirs ou ses conflits personnels, mais masqués pour ressembler à la personnalité d'autrui. Ce rêve peut aussi refléter le désir inconscient d'être une personne plus agressive, de tenir tête au patron, par exemple. Le simple fait que, dans la situation, un effort de votre part soit impliqué, est un signe favorable.

MAISON :

Un des rêves les plus communs pour un nouvel étudiant est de se trouver dans une étrange maison. Les portes des chambres peuvent être fermées, ou légèrement entrouvertes. Souvent, on a peur d'ouvrir les portes ou de descendre à la cave. Selon l'exagération de l'ego, cette maison onirique peut être un château ou un hôpital ; mais, dans tous les cas, nous pouvons nous attendre à trouver plusieurs passages et corridors ainsi que de nombreux étages. La maison représente l'esprit et ce rêve devient assez fréquent une fois que nous avons consciemment et régulièrement fait l'effort de fouiller l'esprit. À mesure que les portes sont ouvertes, une à une, diverses scènes se déroulent dans diverses chambres. Le rêveur peut ouvrir une porte, apercevoir un groupe d'enfants qui jouent et revivre ainsi une situation particulière qui a causé, chez lui, un blocage mental. L'ouverture systématique des portes donne au rêveur un aperçu approfondi de ses habitudes normales à l'état de veille. Il peut à la fois examiner objectivement et participer aux événements qui se déroulent dans les diverses chambres. Ce rêve détient la clé de la connaissance de soi. C'est un des buts du cours du *Développement de la personnalité et de la psyché*.

MANGER ET NOURRITURE :

Si vous mangez seul, cela dénote un manque d'affection ou de sécurité intérieure, ou une anxiété au travail ou à la maison. Cela peut également représenter un manque de nutrition adéquate si on est au régime ou si l'on se nourrit uniquement d'aliments qui sont pauvres en vitamines et en minéraux. Un repas rituel ou entre convives indique que vous reconnaissez votre rang dans une hiérarchie, représentée par votre place à la table du banquet. Être invité à prendre place à la tête de la table, c'est un signe que de nouvelles chances vous sont offertes.

MARCHER :

Les dormeurs se voient souvent marcher dans leurs rêves. Ces rêves peuvent représenter une grande variété de conditions, dépendant du rythme de la marche, du paysage, de la qualité du sentiment vécu. C'est généralement un symbole favorable, signe d'un certain degré de liberté mentale, absence de menace ou tension, de confiance fondamentale et d'ouverture d'esprit.

MASQUE :

Le mot « personnalité » vient du latin « persona » dont l'origine étrusque signifie « masque de théâtre ». C'est le masque que portait l'acteur qui jouait un rôle sur scène. Le masque à travers lequel (per) il parlait son rôle (sona) avait toutes les apparences du personnage en question. Au cours de la pièce, la personnalité de l'acteur changeait selon le masque qu'il portait. Sa voix, ses gestes, ses attitudes devenaient bonnes ou mauvaises afin de s'adapter au caractère du masque. Rêver qu'on porte un ou des masques est un signe d'hypocrisie : une personne à deux visages, ou à plusieurs visages, selon ses divers rôles. Si, dans le rêve, c'est un autre qui porte le masque, essayez de voir qui est derrière afin de découvrir le motif véritable de celui qui porte le masque. Ce peut aussi être un signe que vous vous doutez, sans fondement, qu'une personne avec qui vous faites affaire n'est pas tout à fait honnête.

MÈRE/PÈRE :

Un besoin d'affection ; soit que le rêveur veuille retourner à la sécurité et à la chaleur de la maison familiale, soit qu'il réclame une affection qui ne lui fut jamais donnée. Par ailleurs, le but du rêve peut être d'éclairer certains aspects de sa propre identité, bons ou mauvais, que le rêveur ne peut reconnaître à l'état conscient normal. Il peut, chez l'adolescent, y avoir de fortes allusions freudiennes, s'il rêve d'un parent du sexe opposé.

MORT :

La signification de ce rêve dépend en grande partie de l'âge de celui qui rêve. Plusieurs personnes âgées qui ont perdu leur conjoint rêvent de traverser la frontière interdimensionnelle et de se réunir joyeusement avec leur bien-aimé. C'est comme si on leur présentait cette nouvelle idée et qu'on les prépare graduellement pour que la transition finale soit une belle expérience, sans aucune trace de peur. Chez les jeunes en bonne santé, c'est un bon signe de rêver à une mort symbolique, abandon d'une période de vie qui n'est plus conforme à la nouvelle personnalité.

NAISSANCE:

Un symbole qui a un sens mystique profond en métaphysique car, à mesure que les vieux aspects de notre personnalité meurent, de nouveaux naissent. Au moment d'atteindre certains buts spécifiques, il n'est pas anormal de rêver qu'on donne naissance à quelque chose de neuf et de beau. On rapporte que les femmes enceintes rêvent au bébé qui doit naître. Elles ont souvent, au début de la grossesse, une image du bébé et connaissent à l'avance le sexe de l'enfant. Il peut y avoir, évidemment, des éléments freudiens et psychiques dans de tels rêves.

OCÉAN:

Toute étendue d'eau assez vaste représente l'océan de la vie. Pour interpréter ces rêves, il est important de noter si la mer est calme ou agitée, de remarquer l'état des vagues et des courants. Votre vaisseau est-il frêle ou solide? Êtes-vous en train de nager ou de vous noyer? Une tempête imminente peut indiquer certains moments difficiles à venir. Il est à espérer que dans un tel rêve, l'étudiant avancé se trouve en mesure de ramer fermement vers le rivage lointain. S'il perd courage à cause de la distance à parcourir, il peut jeter un coup d'œil derrière lui pour voir la distance qu'il a déjà parcourue.

OISEAU:

Les symboles d'animaux peuvent s'appliquer aux

oiseaux. Observer un oiseau qui plane, tout en ressentant un sentiment de regret, c'est signe que vous désirez être libre des attaches matérialistes.

PAPILLON :

Depuis longtemps, les rêves de papillons sont l'augure d'une bonne nouvelle qu'on recevra d'un ami lointain. Il est possible de recevoir le message par télépathie, tout en observant les papillons. Ils représentent aussi de bonnes pensées qui vous sont envoyées, même si vous ne recevez aucun message physique. Si vous êtes vous-même le papillon, vérifiez la signification des rêves dans la catégorie « voler ».

PARADIS :

Le rêve du paradis est une variante du rêve du « jardin » (voir cette catégorie). Il témoigne probablement d'une maturation du fruit ; une ascension vers les plus hauts domaines de la compréhension. Chaque rêve d'un paradis est unique puisqu'il semble détenir les facettes les plus plaisantes de l'orientation mentale particulière du rêveur. Ce peut être un voyage le long du Nil, une visite à la cour de Nabuchodonozor, une conversation avec Einstein dans son laboratoire fantastique, la poésie d'un grand poète, etc. Il témoigne de l'attraction naturelle de la psyché libre vers la beauté.

PARALYSIE :

C'est un signe que vous êtes impotent, incapable d'agir quand c'est nécessaire ; incapable, par exemple, d'aider quelqu'un qui, de façon inconsciente, vous demande votre appui. Ce rêve indique que vous devez accélérer votre développement afin de pouvoir venir en aide quand le besoin se fait sentir. Il peut également indiquer que vous vous sentez cerné

par l'ignorance ou l'apathie, ou que vous vous
sentez pris dans une situation dont vous ne voyez
pas l'issue.

PARENTÉ:

Lorsqu'on rêve à des situations familiales, ce peut
être un cas de voyance, de précognition, ou même
de projection astrale. Si la personne dans votre rêve
est décédée, vérifiez la catégorie « défunts ». Si elle
vit, cherchez des facettes de votre personnalité qui
seraient identiques, telles que décrites dans les
catégories « enfant » et « mère/père ».

PLAGE:

Se retrouver sur la plage est un signe d'apathie,
qu'on n'est pas vraiment engagé dans le cours de la
vie. Si votre attention se porte vers l'eau et que vous
y trempez le bout du pied, ou si le rêveur trouve un
bateau et commence à quitter le rivage, c'est bon
signe. Si vous refusez d'entrer dans l'eau, c'est le
signe que vous avez peur ou que vous êtes trop
timide pour vous engager dans une plus vaste
réalité, que vous hésitez à quitter la routine familière.

POURSUITE:

Si vous vous sauvez de situations qui vous causent
des conflits intérieurs, le rêve symbolique de la
poursuite le dépeindra clairement. La solution du
problème se trouve souvent dans le vêtement que
porte votre poursuivant et dans la sorte d'objet qui
est brandi. Si votre poursuivant est sans visage ou
sans forme, cela montre que vous avez des peurs
inexprimables qui sont profondément enracinées et
qui doivent être découvertes à l'état de veille. Vous
devez identifier et résoudre le problème avant de
pouvoir surmonter ce rêve. Si, à un niveau très
profond de l'esprit, vous priez pour avoir la force de

faire face à votre poursuivant, cela peut vous donner le courage nécessaire pour vous retourner et reconnaître la nature de la peur.

Voici deux exemples qu'ont rapportés nos étudiants :

« J'ai appris à me souvenir de mes rêves, mais ensuite, je me suis mis à souhaiter ne l'avoir jamais fait, puisque dans mes premiers souvenirs oniriques, je me voyais courir follement dans l'obscurité. Je fuyais quelque chose d'horrible qui me poursuivait. Je n'avais pas la moindre idée de qui ou quoi me poursuivait, car je ne m'étais jamais arrêté assez longuement dans ma fuite pour regarder en arrière. Cet épisode s'est reproduit souvent, jusqu'au jour où je vous ai écrit pour vous demander conseil. J'ai suivi ce conseil. Lorsque je me suis remis à courir dans mon rêve, je me suis souvenu de ce que vous m'aviez dit et je me suis retourné afin de reconnaître ce qui me poursuivait. C'était une immense masse noire qui obscurcissait tout l'horizon, mais qui était sans visage et sans forme. Puis, je me suis vu saisir cette chose et j'ai senti quelque chose de doux et d'intangible. Bien que pétrifié de peur, j'ai décidé de ne pas lâcher prise. La masse s'est progressivement réduite et je me suis retrouvé avec un petit chaton noir dans les mains, très gentil et pas dangereux du tout. Vous ne pouvez vous imaginer le soulagement que j'ai ressenti.

« Lorsque j'ai noté ce rêve le lendemain matin, je n'ai eu aucune difficulté à reconnaître cette peur que j'avais, depuis longtemps, de la nuit et de toutes ces choses qui bougent dans la nuit. Dès que j'ai décidé d'y faire face, l'immensité de cette peur fut réduite et j'ai pu me débrouiller, car j'aime vraiment les chats et je peux maintenant associer le noir à ce qui est doux, chaleureux, amical et non plus terrifiant. »

La peur de l'obscurité est un instinct biologique raisonnable chez la plupart des animaux. Des enquêtes scientifiques ont démontré la véracité et l'évidence de ce fait. Cette peur instinctive a été illustrée à travers les arts où la noirceur est souvent associée au mal. Même en métaphysique, nous associons la lumière à l'illumination spirituelle et les ténèbres à l'ignorance et l'incapacité de voir clairement les choses telles qu'elles sont. Il est surprenant de voir le nombre d'étudiants qui ont une peur profonde des ténèbres et sont superstitieux en ce qui concerne l'obscurité ; ce ne sont pas toujours des petites vieilles... mais bien souvent des hommes très virils.

Le deuxième exemple nous est fourni par Marie S. et elle nous décrit une tout autre situation. Son origine familiale et ethnique a programmé en elle de profonds sentiments de peur et d'insécurité. Ses notes écrites étaient remplies de recommandations de ses parents : « Fais attention aux voleurs ; fais attention aux hommes qui peuvent t'agresser ; n'aie confiance en personne ; prends garde de ne pas être attaquée. » Marie était devenue une petite créature affreusement timide qui quittait rarement la maison et qui fermait la porte à double tour chaque fois qu'elle sortait. Ses poursuivants oniriques étaient invariablement des hommes malfaisants, capables de tout. Même son mari tombait dans cette catégorie s'il manifestait la moindre agressivité au foyer. Pour éliminer ce rêve, Marie dut s'y appliquer avec constance et détermination, pendant très longtemps, mais elle a finalement réussi.

Les rêves de poursuite sont une des rares catégories de rêves où le conseil d'un professeur peut être utile. C'est l'occasion d'exprimer son rêve (qui est, finalement, un horrible cauchemar) et de recevoir des renseignements d'une personne qui a eu des expériences semblables. Le rêveur peut aussi recevoir l'encouragement qui lui permettra de faire face à la situation ou de résoudre la peur, de sorte que le rêve ne se répétera plus jamais.

PUNITION :
Voir « Culpabilité ».

SABLE :
Évidemment, les sables du temps qui s'écoulent toujours.

SABLIER :
Plus on est conscient, plus on se désole du temps perdu. Quel que soit le point où vous en êtes rendu dans la vie, sachez que le temps s'écoule. Ce rêve vous suggère de vivre d'une façon plus productive. Il démontre aussi les limites physiques de l'homme.

SOMMET :
Se retrouver au sommet d'une montagne signifie que votre champ d'intérêt et l'étendue de votre perception s'élargissent et que vous êtes temporairement libre de la servitude égocentrique. C'est un très bon rêve.

TOMBER :
Tôt ou tard, chacun rêve qu'il tombe. Ce peut être le résultat d'une mauvaise santé. Psychologiquement, vous avez peut-être peur des hauteurs, ou vous craignez de perdre votre emploi, votre statut social ou un(e) ami(e) intime.

TROUVER :
Lorsqu'en rêve, le dormeur trouve quelque chose, c'est signe qu'il a temporairement atteint ce qu'il cherchait de façon subconsciente. Ces rêves révèlent nos désirs les plus cachés. Les objets trouvés se classent dans la catégorie des « symboles personnels », quoique le rêve de « trouver » a un sens

universel. Trouver un chapeau melon, par exemple, peut représenter un désir refoulé de sécurité et de protection paternelle. Trouver une tarte aux pommes, ce serait le besoin rassurant de l'amour maternel. Si l'objet trouvé est un bijou, de l'argent, une maison, etc., cela peut indiquer un besoin d'affection, de sécurité, de richesse, ou de gloire sociale.

TUNNEL :

Le rêve du « tunnel » est une autre version du rêve de la « chaloupe », mais c'est le signe d'une personnalité plus pessimiste. Son odyssée dans la vie est beaucoup moins gaie et aventureuse que celle de l'optimiste. La vie est moins enrichissante, la programmation plus rigide. C'est tout de même un symbole de progrès. Il est à espérer qu'un rayon de lumière brille au fond du tunnel et que le rêveur continue d'avancer.

VOLER :

Le livre *Méditation et projection astrale* traite entièrement de ce sujet. Rêver qu'on vole, c'est, en métaphysique, un signe que le psi a réussi à convaincre le conscient qu'il peut agir indépendamment de ce dernier. Comme les anciens, le métaphysicien croit que le psi peut s'envoler durant le sommeil une fois que l'ego est dirigé par l'identité et explorer sa propre dimension pour le plus grand bénéfice du rêveur.

CHAPITRE 8

LE POUVOIR DES RÊVES EN ACTION

Du rêve à la réalisation

« Ce que volonté et raison sont incapables d'ôter, le sommeil le fait fondre comme la neige dans l'eau ».

Walter DE LA MARE

À ses débuts, l'humanité pouvait facilement séparer la vérité de l'illusion. Et seul le surnaturel comptait vraiment. L'interaction du psi avec son enveloppe mortelle était l'essentiel de la vie.

Peu importe l'emprise du monde illusoire des sens, tout homme qui se sert du pouvoir des rêves peut entreprendre le voyage intérieur et découvrir LA GRANDE RÉALITÉ, la Source de toute Puissance.

Pour le métaphysicien, cette Puissance n'a rien à voir avec le pouvoir temporel dans ce sens « d'oppression ». Tout grand homme comprend cela.

Le Mahatma Gandhi le savait. Il disait : « Il y a deux sortes de pouvoir. On obtient l'un par la crainte de la punition et l'autre par l'art d'aimer. Le pouvoir fondé sur l'amour est mille fois plus efficace et plus permanent que celui fondé sur la peur d'être puni. » Il a aussi parlé de mettre ce pouvoir à l'œuvre : « Je suis un rêveur, un rêveur pratique. Mes rêves ne sont pas des chimères. Je veux que mes rêves deviennent aussi réalité. » Martin Luther King le savait : Il dit : « J'ai un rêve... » et, peu de temps avant son assassinat, il déclara qu'il était allé au sommet de la montagne et qu'il avait vu l'Avenir. John Addington Symonds le savait quand il écrivit :

« Ces choses seront. Il naîtra une race
Plus noble que tout ce que le monde a connu.
Elle aura la flamme de la liberté dans son âme
Et la lumière de la connaissance dans les yeux. »

Le Seigneur a prédit l'avènement du règne de la puissance, la vraie, sur la Terre. À travers ses rêveurs, il écrivit :

« Heureux les humbles car ils auront la Terre en héritage. »

Le pouvoir est le fruit final de l'identité mûre qui a acquis les qualités suivantes : empathie, courage, constance et foi. Comme nous l'expliquons dans *L'aura humaine,* l'illumination spirituelle (ou « wattage ») est une Grâce qui est accordée lorsque l'Esprit juge que la personne est prête.

Par contre, le pouvoir est intégrité. Il est le résultat d'une équipe ego-psi unie qui fonctionne efficacement à travers l'identité. Rien n'est plus triste qu'un psi puissant qui ne peut accomplir ses objectifs à cause d'une identité confuse. À mon avis, c'est l'enfer ultime. Je le sais, car je l'ai vécu.

Des mots, des mots, des mots, par où commencer ? Partons d'abord de l'optique de Spinoza, car je sens qu'il désire grandement communiquer avec moi. Ces esprits du passé vont et viennent et ils cherchent tous à guider la main et l'esprit de l'instrument que je suis. C'est un défilé interminable de talents, le chœur céleste lui-même qui cherche à s'exprimer. Un à la fois, messieurs, je vous en prie, un à la fois.

Baruch de Spinoza (1632–77) est né à Amsterdam, de parents juifs-portuguais. Il a fait des études supérieures en théologie judaïque, mais son psi n'était pas satisfait. Il s'est alors intéressé aux sciences physiques et à la philosophie. Puis, son pouvoir intérieur est devenu tellement fort qu'il s'est senti étouffé par les cadres du culte. Par la suite, il fut en conséquence excommunié et banni d'Amsterdam.

Il se consacra à aider les gens qui avaient une mauvaise vue. Étant très pragmatique, il a gagné sa vie en faisant des verres de lunettes grâce à quoi il a pu écrire des livres de philosophie destinés à aider ses semblables à parvenir à une réalité intérieure. Ses écrits lui ont mérité l'offre d'une chaire de philosophie à l'Université de Heidelberg, qu'il a gracieusement refusée afin d'être libre de tout ce qui pouvait restreindre ses activités intellectuelles.

Veuillez prendre note, chers métaphysiciens. Le pouvoir ne peut permettre qu'on donne son allégeance à une cause que la Cause.

Spinoza l'expliquait ainsi : « Le véritable esclave est celui qui est conduit par ses plaisirs et qui ne peut voir ce qui lui est bénéfique, ni agir en conséquence. »

La liberté, par opposition à l'esclavage, est la capacité de choisir entre le bien et le mal, sans aucune considération politique ou commerciale. La liberté ne signifie pas, pourtant, qu'on doive abandonner son emploi pour s'inscrire au chômage.

Pour beaucoup de gens, travailler dans la société et accepter le joug de la discipline, en essayant d'opérer des changements à partir de l'intérieur, réclame un sens du pouvoir beaucoup plus grand. Dans la majorité des cas, c'est la façon pour le métaphysicien d'appliquer la métaphysique. Quant à moi, j'ai un mari qui travaille quotidiennement auprès de machines assourdissantes ; il en ressent déjà les effets. Il tolère une maison plus ou moins bien entretenue et il fait patiemment la vaisselle le soir pour me laisser libre d'écrire. Cela c'est du pouvoir, acquis avec amour, courage, constance et une grande foi en notre cause commune.

À l'époque de Spinoza, on devait se conformer à l'ordre établi ou s'en aller. Pour cette raison, Spinoza a choisi une vie de pauvreté afin de pouvoir continuer son œuvre. Ses livres de comptes personnels, découverts après sa mort, montrent bien qu'il préférait vivre dans la pauvreté plutôt que de s'endetter. C'est un aspect de la métaphysique appliquée qui vaut la peine d'être noté. Spinoza a également refusé une rente que lui offrait Louis XIV, contre une dédicace de ses œuvres. La vie moderne nous offre aussi des leçons comme celle-là.

À cause de son grand pouvoir, Spinoza occupe une position unique dans l'histoire de la philosophie. Il n'appartenait à aucune école et n'en fonda aucune. Son œuvre possède une qualité individuelle étonnante qui a inspiré non seulement les philosophes et les métaphysiciens modernes mais aussi les poètes modernes entre autres, nos amis Goethe, Wordsworth et Shelley.

On a dit que Spinoza avait la capacité de s'identifier à Dieu, de regarder les choses d'un point de vue divin. Il soutenait que la liberté n'était possible qu'en ayant cette perspective.

En science-psi, pouvoir et liberté sont synonymes. Chez l'individu, cela présuppose une indépendance totale, la force intérieure, l'endurance, le pouvoir non seulement de résister au mal, mais de vaincre le mal par le bien, l'art d'être ÉVEILLÉ, la conquête de l'illusion, se libérer de la tyrannie de l'ignorance et de la superstition, la reconnaissance d'une seule autorité, la réalisation de soi-même.

Le traité *L'éthique démontrée par l'ordre géométrique*, exprime l'essence du pouvoir de Spinoza. Spinoza explique que l'univers et Dieu sont identiques. Pour lui, la réalité n'est pas simplement externe et matérielle ; elle participe à l'essence du psi. Le psi est la base qui se suffit à elle-même et qui comprend tout. Il soutient l'existence temporelle. Spinoza ne semble pas avoir compris l'aura comme telle et il explique l'interaction entre le psi, l'ego et l'identité d'une façon un peu différente. Il parle de deux états, « l'extension » ou le monde matériel et la « pensée », qui sont symbiotiques dans l'espace et le temps pour la durée de la vie terrestre. Il a proposé la théorie du « parallélisme » pour décrire les fonctions de ces états. Selon cette théorie, toute idée a une manifestation physique et tout phénomène physique a une correspondance idéelle.

Ces deux aspects de l'être font partie de la dimension de l'existence et de la dimension de l'essence. Le monde de l'existence correspond à ce que Platon appelait, « l'artisan » et à ce que nous appelons « le monde de la nature ». La dimension de l'essence est la véritable dimension ; la dimension de l'existence n'en est que le reflet parallèle. Dieu est la seule réalité dans l'une ou l'autre dimension. Il est éternel, transcendant, infini et permanent, même si le choix de ses manifestations dans le monde physique varie.

Retournons à Billie l'Indien et son arbre. Billie n'avait pas besoin d'un grand philosophe pour lui dire que son esprit et celui de l'arbre n'étaient que deux expressions différentes d'un même Esprit créateur. Même mes plantes connaissent cette vérité. Les oiseaux, l'herbe et les agneaux du printemps la connaissent tous.

Le savant Charles Synge Christopher Bowen a écrit, à propos du métaphysicien : « C'est un aveugle dans une chambre noire, qui cherche un chat noir qui n'y est pas. » Citation qui me plaît, car elle exprime parfaitement l'optique d'une personne qui voit la métaphysique de l'extérieur. Du point de vue de l'existence, il a raison, bien sûr ! Mais nous parlons de la dimension de l'essence, qui n'appartient pas seulement à l'homme instruit, mais qui est le royaume de tous les hommes.

> « L'homme moyen est le simple rustre
> Avec lequel on façonne le demi-dieu
> Enfoui dans cet homme moyen
> Se trouve le héros qui mène le monde. »
>
> Sam W. FOSS

J'aime ces vers : le pouvoir des rêves peut transformer un rustre en demi-dieu. Il peut briser l'orgueil dans le cœur des orgueilleux et rendre la terre à ses héritiers légitimes.

Pour que la terre survive, les masses doivent rechercher ce pouvoir dont nous parlons. Il n'est pas seulement réservé aux riches et aux autorités. Il n'est pas la propriété exclusive du politicien, de l'artiste, du théologien ou de l'intellectuel. Il est à ceux dont le cœur est affamé. Le sommeil vient à tous, au roi comme au pauvre. Au niveau des rêves, tous sont égaux. Tous ont également accès à ce pouvoir et il est à la disposition de tous ceux qui le désirent assez pour le réclamer. Mais il y a un prix à payer.

Quel est-il et êtes-vous disposé à le payer?

Dans les chapitres précédents, nous avons comparé le sommeil à la mort, nous l'avons appelé la petite mort. Somnus, le dieu du sommeil dans la mythologie romaine, correspond au dieu grec Hypnos. Dans la mythologie égyptienne, Somnus est le Fils de la Nuit et le jumeau de la Mort. L'ésotérisme de toute mythologie indique clairement que le sommeil et la mort sont en quelque sorte parallèles. C'est vrai.

Certes, si on désire acquérir le pouvoir des rêves, on doit être prêt à mourir un peu de rêve en rêve, nuit après nuit, jour après jour, d'année en année, à mesure que l'emprise de l'ego sur l'identité diminue et que le psi commence à prendre la direction. Ce n'est pas une entreprise pour les faibles, car chaque facette de la personnalité est exposée, mise à l'épreuve jusqu'au point critique et enfin rejetée ou transformée en qualité.

C'est un lent processus de restitution de nos souvenirs au cours duquel nous revivons les émotions qui s'y rapportent. Toute expérience emmagasinée dans le cortex doit être mise à nu. Ensuite, selon le genre de programmation qu'on a reçue, certains éléments peuvent être conservés. Mais on découvrira que ces éléments sont en grande partie maladifs, bilieux, acides et qu'ils contaminent la personnalité entière. Ce sont les fautes des pères transmises à l'enfant qui a façonné sa propre identité sur ces fausses images.

C'est ce qu'on appelle un mécanisme émotif faussé, l'identité ayant appris à exprimer des émotions, des sentiments (ce qui colore l'aura) pour des motifs faux, basés sur le plaisant et le déplaisant, sur le désir d'être accepté socialement, sur les moyens d'attirer l'attention (ce qui est le seul substitut qu'il connaisse d'une affection réelle).

La pitié de soi, les larmes, les excuses, les fausses promesses, les colères, la critique négative, la justification, même les tentatives de suicide sont dues à un mécanisme émotif faussé improductif.

Un de nos membres, Lee Martin, a trouvé dans une brochure des Églises unitaires une petite histoire qui illustre partiellement ce thème et qui démontre comment l'ego essaie d'imiter l'expression émotive pure du psi par la froide imitation de sa propre programmation.

Les mimis chauds

Il y a bien longtemps existait un peuple qui ressemblait aux marsupiaux, car chacun de ses membres était muni d'une poche ventrale. Chaque fois qu'ils se sentaient heureux, aimables, ou généreux, ils fouillaient dans leur poche et en sortaient un mimi chaud qu'ils donnaient à la première personne qu'ils rencontraient. Les mimis chauds réchauffaient à la fois le cœur de celui qui donnait et de celui qui recevait. Ils transmettaient un chaleureux sentiment de mimi avant de s'évaporer.

Qu'on était heureux dans ce pays-là ! Si une personne se sentait un peu triste ou déprimée, les autres accouraient pour lui offrir des mimis chauds. Et bientôt, la personne triste elle-même se mettait à donner des mimis chauds au premier venu. Puis, elle continuait à fouiller dans sa poche jusqu'à ce que tout le monde en ait reçu un.

Un jour, un étranger venu d'un pays éloigné s'aventura dans ce pays. Aussitôt, les gens s'empressèrent de l'accueillir avec leurs mimis chauds. L'étranger, explorateur de grande renommée, ne s'était jamais senti aussi bien. Il décida donc de séjourner plus longtemps dans le pays afin d'étudier ce peuple primitif.

Quelques jours plus tard, assis au soleil avec un groupe d'adolescents qui s'amusaient et riaient en partageant généreusement et librement leurs mimis chauds, il se mit à réfléchir à haute voix : « C'est curieux. Les mimis chauds n'apparaissent dans la poche qu'un à la fois. Je n'ai jamais vu personne en faire une réserve. Qu'arriverait-il s'ils venaient à manquer ? »

Il en parla aux adolescents :

« Pensez-vous qu'il soit sage d'être si généreux avec vos mimis chauds ? Ne serait-il pas préférable de conserver votre énergie émotive, de donner moins de mimis chauds, ou de les donner seulement à vos meilleurs amis ou en des occasions spéciales ? »

Personne n'y avait jamais songé. Cependant, les gens aux mimis chauds avaient l'esprit ouvert. L'étranger avait peut-être raison. Dès lors, ils se mirent à conserver jalousement leurs mimis et à bien y penser avant d'en donner à qui que ce soit. Tout le pays devint pensif et tranquille. Les savants se mirent à calculer des formules algébriques qui permettraient de déterminer à quel moment et à quelle occasion l'échange de mimis chauds serait justifié. Leurs statistiques indiquaient que ces occasions étaient rares. L'étranger, qui était aussi un grand savant respecté, eut alors une autre idée.

« Je travaille depuis un certain temps à produire des mimis chauds artificiels, » dit-il. « Regardez ce que j'ai inventé. Cela ressemble à un mimi chaud, mais en réalité, c'est un pic-pic froid déguisé en mimi chaud. »

« Quelle idée formidable ! » s'écria le peuple. « Maintenant, notre réserve de mimis chauds ne s'épuisera jamais. Personne ne saura que l'on donne de faux mimis chauds, car en toute apparence extérieure, le pic-pic froid est identique au mimi chaud. »

Puis, vint le jour où l'étranger quitta le pays. Il était bien satisfait des efforts qu'il avait faits pour éduquer le peuple aux mimis chauds. Des usines pour fabriquer les pics-pics froids avaient surgi ici et là. La vente et la consommation de ce produit augmentaient tous les mois et on parlait même d'exportation.

Afin de conserver le stock de mimis chauds, le conseil national promulgua une loi qui défendait le don de mimis chauds sans permis. En effet, les réserves de mimis chauds diminuaient à vue d'œil, tout comme l'avait prédit l'étranger. Les enfants naissaient maintenant sans mimi chaud dans leur poche. Les mères s'empressaient donc d'y enfouir un pic-pic froid avant que les voisins ne s'en aperçoivent, car la politesse exigeait maintenant qu'on salue ceux qu'on rencontrait et qu'on échange cérémonieusement un pic-pic froid.

On ne donnait encore de vrais mimis chauds qu'à la campagne où les gens étaient trop pauvres pour être bien éduqués. Étant illettrés, ils ne pouvaient lire les mémoires du conseil. Mais puisque le commerce de pics-pics froids battait son plein, le conseil décida de mettre en œuvre un programme d'éducation accéléré. La plupart des gens qui vivaient à la campagne désiraient collaborer. Ils voulaient que leurs enfants profitent des avantages qu'ils n'avaient pas eus ; ils les envoyèrent donc à l'école.

Mais toute société a ses anarchistes. Ceux-ci furent bientôt arrêtés et enfermés dans les camps de concentration. Les plus résistants, cependant, menaient une guérilla constante. Il fallut donc prendre des mesures plus draconiennes. On les pourchassa et on les élimina, au nom du progrès car les anarchistes voulaient retourner aux anciennes façons de vivre. Ils ne semblaient pas comprendre que le produit national brut doit toujours augmenter. Le revenu moyen par habitant démontrait clairement ce qu'un homme seul pouvait accomplir en très peu de temps. Et les autorités firent de l'étranger le saint patron du pays.

Le pouvoir, c'est l'équilibre

Dans un chapitre précédent, nous avons vu que le psi exprime les sentiments librement et joyeusement et qu'il en a une réserve illimitée. Mais l'ego apprend très vite à imiter ces sentiments et à les cacher derrière un voile d'hypocrisie. L'expression de la puissance émotive est restreinte par la programmation, par le protocole social et par la peur de perdre quelque chose.

Lorsqu'il est bien utilisé, le pouvoir nous permet de nous rendre du point A au point Z, de la façon la plus efficace possible. En langage de mécanique, on peut dire qu'un mécanisme émotif faussé ne produit rien d'autre qu'un gros bruit.

Un psi puissant peut dissiper jusqu'à 100% de sa force motrice lorsqu'il est empêché par des mécanismes émotifs mal programmés.

Je l'ai fait moi-même deux fois dans ce livre, la dernière fois dans ce chapitre même, lorsque je disais : « Des mots, des mots, des mots ! » C'est l'exclamation d'un psi puissant frustré par un instrument inadéquat, ou encore une expression inadéquate d'une émotion très puissante.

Dans notre illustration, nous comparons le psi à l'hélium d'un immense ballon. À ce ballon est suspendu un petit panier qui contient un poids encore plus

Le ballon d'hélium

petit. Le pouvoir du psi ne peut s'exprimer que par l'identité, son canal d'énergie. Pour être efficace, le psi doit transmettre sa puissance à la conscience, au moyen d'une valve contrôlée. La conscience doit ensuite communiquer cette émotion du psi à la conscience d'une autre personne qui, à son tour, doit faire passer l'émotion par son propre ordinateur inadéquat. Cette transmission entraîne beaucoup de pertes dans le processus. C'est un peu comme de tenter de communiquer avec un prisonnier en frappant des coups contre le mur de sa cellule avec la tête.

Le métaphysicien débutant se rend compte de cela presque quotidiennement, dans ses communications avec autrui. Quelqu'un vous demande à la légère : « C'est quoi au juste, cette métaphysique pour laquelle tu es si passionné ? » ; ou, un interviewer à la télé vous dit : « C'est bien, nous avons cinq minutes. Pouvez-vous m'expliquer brièvement ce qu'est la métaphysique ? »

Le pouvoir, c'est d'être capable de contenir la puissance de son émotion et d'aller le plus loin possible le plus vite possible, sans laisser paraître à quel point on est fanatique.

Le dictionnaire définit ainsi le mot fanatique : « Qui a une passion, une admiration excessive pour quelqu'un ou quelque chose » ; ou encore « animé d'un zèle aveugle. » Il n'y a rien de mal à être fanatique, pourvu que personne d'autre ne s'en aperçoive avant de devenir, à son tour « trop zélé ».

Le pouvoir, c'est la maîtrise, c'est l'art de laisser s'échapper du ballon psi, par la valve de l'identité, juste assez d'hélium pour ne pas provoquer de déséquilibre, ou, comme l'exprime le signe de l'homme nouveau, c'est la capacité de garder les deux pieds sur terre en ayant la tête dans les nuages. Le pouvoir, c'est l'équilibre.

Le pouvoir, c'est souvent le silence ; savoir répondre par monosyllabes à l'enquêteur qui veut engager une bataille entre ego. Cela se produit assez souvent au cours de nos soirées d'information, lorsque des philosophes intellectuels, pour montrer leur savoir, posent des questions telles que : « Si Dieu a créé l'homme, qui a créé Dieu ? » Le pouvoir, c'est la patience. Le pouvoir, c'est l'endurance. Le pouvoir, c'est le bon jugement. Le pouvoir, c'est qu'« à Rome, on fait comme les Romains. » Le pouvoir, c'est de « suivre le diable jusqu'au pont ».

Dans l'Institut, nous essayons d'équilibrer le développement du « wattage » et la « régurgitation » pour ne pas créer des personnalités inefficaces ou déséquilibrées. C'est une tâche ardue, car beaucoup de débutants sont instables au départ.

En métaphysique, on cherche à augmenter la puissance ou le wattage du psi et à « régurgiter » systématiquement le contenu de son ordinateur. L'étudiant impatient qui recherche seulement des pouvoirs psychiques rapides, sans vouloir corriger ses mécanismes émotifs faussés, s'aventure sur des sentiers périlleux. Le type de psychose le plus courant se manifeste probablement chez ces personnes qui ont un psi vigoureux mais qui manquent de mécanismes de contrôle adéquats. Nous rencontrons ce genre de personnes tous les jours. Tous croient qu'ils ont une mission spéciale ; ils croient qu'ils vont sauver le monde. La plupart débordent de compréhension spirituelle jusqu'à ce que l'ego s'empare du message et le déforme. Ces personnes vivent des vies stériles. Elles sont un fardeau pour leurs amis et leurs parents, car leurs propos sont un mélange de bon sens et de sottises. Nous avons un test infaillible pour les aider à s'estimer à leur juste valeur. C'est la question qui sera, à notre avis, posée aux portes du ciel : « Quels fruits avez-vous donnés? La terre a-t-elle été éclairée par votre passage?»

Le grand crime, c'est de gaspiller la puissance du psi en s'agrippant à des illusions égoïstes. Au début, le pouvoir consiste à bien faire les petites choses. Un psi faible se renforce en accomplissant des petites tâches, après quoi, il peut passer à des entreprises plus importantes. Rappelez-vous ce que dit la Bible au sujet du bon serviteur et du mauvais serviteur ainsi que du figuier stérile.

Le pouvoir est action et service, mais un service spécial. Le Mahatma Gandhi l'exprimait bien : « Le service sans humilité est égoïste. Celui qui est réellement religieux devient un citoyen du monde. Servir son propre pays, c'est le premier pas qui mène vers le service de l'humanité. Et lorsque le service rendu à la nation contribue au bien-être du monde, il conduit à l'épanouissement de la personne. »

Un psi puissant emprisonné par un gros ego ne peut pas servir. La vraie puissance sert, sans égard pour elle-même. Pensez à Mahatma Gandhi, à Martin Luther King Jr. Ils le savaient. Le pouvoir ne connaît pas la mort. Pour atteindre le pouvoir, il faut déjà être mort, il faut mourir petit à petit, illusion après illusion et renaître peu à peu dans la nouvelle personnalité du psi, qui est impérissable. Le pouvoir de ces deux grands hommes est-il disparu avec leurs restes mortels? Leur lumière s'est-elle affaiblie?

Le pouvoir dissipe le mythe de l'inégalité des hommes. Même l'insomnie chronique, seule excuse légitime qu'on pourrait me présenter, ne peut empêcher une personne de rêver et d'acquérir le pouvoir. On me dit toujours : « Mais vous êtes différente. » Ils veulent dire en réalité : « Vous faites un plus grand effort que moi. » J'ai été programmée à être peureuse comme un lièvre, à craindre les feux de l'enfer si je désobéissais. Je suis moins instruite que la plupart des gens. Mais il m'est arrivé une expérience intéressante concernant mon quotient intellectuel, ce qui témoigne de la valeur de la métaphysique. L'armée britannique, étant très bien organisée, avait inventé un système de tests pour évaluer le quotient intellectuel et les aptitudes de ses recrues. Après les résultats de ces tests, je fus élevée au rang de caporal. Mes tâches consistaient à laver des cuves à eaux grasses et éteindre des bombes incendiaires. La psychologie moderne nous dit que c'est avant l'âge de vingt-cinq ans que le cortex atteint son développement maximum. Après mes débuts en métaphysique (initialement, cela ressemblait beaucoup à l'armée, car il fallait laver ses cuves personnelles et éteindre les emportements fougueux d'un ego bien plus explosif que les bombes incendiaires), j'ai passé d'autres tests d'intelligence qui ont révélé une très grande capacité de compréhension.

Il faut vivre en fonction du niveau de son quotient intellectuel. La pensée positive a un effet remarquable à tous les points de vue. Avant ces nouveaux tests, j'avais cru que, pour produire un livre, il fallait le récrire six fois et mettre deux ans avant de l'achever. Puis, j'ai vu un film sur Noël Coward, sa production littéraire était vraiment extraordinaire. Je me suis ensuite souvenue de Micky Spillane qui pouvait produire des livres entiers sans correction. Mon calendrier actuel est désormais chargé et je n'ai aucune difficulté à maintenir un rythme accéléré.

Le pouvoir est individuel. Vous n'avez pas à rivaliser avec les autres. Vous êtes unique. Le pouvoir peut, certes, se manifester de diverses façons, mais c'est toujours le même Pouvoir, la même Puissance, qui vient de la même Centrale. Le pouvoir, c'est de faire de son mieux avec les qualités qu'on a. C'est comme une locomotive à vapeur : le pouvoir est le résultat de l'énergie (la vapeur) qui se fait canaliser à travers une petite ouverture. D'avoir surmonté ce bloc mental de croire que j'étais bête m'a réellement aidée. Il est futile de dissiper son énergie en se pliant aux fantaisies de l'ego. Une maîtrise parfaite de ses mécanismes émotifs est la seule façon de conserver son énergie pour assurer le maximum de productivité.

Il n'y a rien de pire qu'un psi improductif qui dissipe son énergie ou passe ses frustrations en donnant des conseils ou des justifications inutiles à un psi constructif. On m'appelle au téléphone au moins une douzaine de fois par jour, pour me tenir de tels propos.

Il suffit de regarder les informations à la télévision une fois par mois pour trouver des exemples semblables. Chaque fois que le gouvernement essaie de faire un geste constructif, une cinquantaine de voix s'élèvent pour critiquer.

Lors de mon dernier voyage à Winnipeg, j'ai rencontré un homme qui était intimement lié au lancement de programmes sociaux pour la jeunesse. Il a parlé de la peine qu'ont eue les initiateurs à voir leurs rêves s'écrouler à cause des abus et de l'incompréhension du but originel, dont l'intention était noble. Le pouvoir, même le simple pouvoir de se servir de l'argent de façon efficace, est une qualité que bien peu de jeunes comprennent aujourd'hui. Il y a quelques années, il y avait à la télévision une interview avec Lord Thompson, le magnat du journalisme. Il a parlé de ses débuts quand, jeune homme, il vendait des journaux. Le pouvoir de maîtriser sa pensée l'a rendu multimillionnaire. Il affirmait que n'importe qui pouvait accomplir ce qu'il avait accompli, s'il le voulait vraiment. Il a proposé la somme dont il avait disposé à ses débuts, pour aider quelqu'un à se lancer dans la vie. Selon moi, le but de projets tels *Perspective Jeunesse* et *Initiative Locale* était d'investir dans les jeunes qui avaient de l'initiative, en vue de les stimuler dans une voie créatrice et renverser les tendances destructives qui semblaient alors se développer sur le continent. En effet, ceux qui brandissent des drapeaux ressemblent plus à des moutons qu'à des lions. La violence est le dernier ressort des impuissants.

Il est futile de vouloir prendre en main le pouvoir temporel avant d'avoir développé son pouvoir intérieur.

Pouvoir oblige

Un effort concentré d'analyse personnelle est analogue à l'épluchage d'une orange. Le pouvoir des rêves par l'analyse des rêves, permet à l'étudiant d'aller jusqu'à la racine de ses idées préconçues et de découvrir ainsi la cause d'un mécanisme émotif faussé qui gaspille son énergie.

Évidemment, cela vous met en pièces au début. Pas autant qu'avec les thérapies du « cri primal » ou de la « dianétique ». Nous ne suivons pas la dure voie de l'homme, mais la douce subtilité du psi et de l'orientation personnelle par le guide.

Les premières étapes du développement sont en quelque sorte une érosion systématique des croyances retranchées de l'ego. J'aime bien l'épigraphe de Walter de la Mare en tête du chapitre, mais, en vérité, le processus ressemble un peu plus au printemps en montagne. À mesure que la force du soleil augmente, de petits ruisseaux commencent à se former dans la neige. Graduellement, ils creusent la surface solide de la glace qui se brise d'abord en petits fragments, puis en morceaux de plus en plus gros jusqu'à ce que l'avalanche se produise.

Si elle est bien dirigée, cette débâcle, ou la « mort » de la vieille personnalité, mène à la construction ou à la « naissance » d'une nouvelle personnalité à laquelle il faut, naturellement, s'habituer au début.

Parce que les rêves sont des « transformateurs » assez doux, c'est la façon la plus facile d'accomplir la métamorphose. La personne parfois n'a même pas besoin d'être consciente du rêve ; elle se réveille avec ce « sentiment » d'avoir été quelque part ou d'avoir appris de la vie un secret très important.

Une fois que le foyer d'attention est dirigé vers le développement du psi, il ne se passe pas une journée sans qu'on apprenne des leçons significatives au cours des échanges que nous avons avec d'autres personnes. La rapidité des résultats semble dépendre de l'intensité avec laquelle l'étudiant peut diriger son foyer d'attention. Les gens plus âgés doivent travailler davantage à leur recherche intérieure. Ils ont plus de peine à briser leurs habitudes, comme si la pelure d'orange du cortex s'était changée en bois dur. Par contre, leur patience et leur ténacité compensent ce désavantage.

Le pouvoir des rêves oblige les étudiants à se demander et se redemander : « Qui suis-je ? Pourquoi suis-je la personne que je suis ? Suis-je endormi, ou mort ? Quel est le sens de la vie ? Est-ce que j'ignore quelque chose que je devrais savoir ? Comment le savoir ? »

Souvent, le succès dépend moins des réponses qu'obtient l'étudiant que des questions qu'il pose et de la sincérité avec laquelle il poursuit les indices en essayant de résoudre le mystère de la vie.

Au début, ce qui nous aveugle est très évident. Ainsi, les premiers progrès sont rapides. Une personne peut sentir véritablement que toute sa perspective a changé du jour au lendemain, grâce à une ou deux heures d'application sérieuse. Mais les premiers efforts ne font que gratter la surface. Croyez-moi, ce ne sont que des premières petites rigoles du printemps. Ce petit ruisseau peut facilement regeler, si on ne fait pas un effort concerté et durable. Cinq ans de bon travail ne sont pas trop pour arriver à dépasser le niveau moyen et accéder à une étape avancée. Dans le livre *L'aura humaine*, nous expliquons qu'il faut maintenir l'équilibre en « enlevant le pot du feu », ou en laissant quelquefois Fido l'ego en liberté. *Le pouvoir intérieur* l'explique aussi. Dans la plupart des cas, il s'agit de transmuer plutôt que d'éliminer, au sens où l'entendaient les alchimistes du moyen âge qui essayent de changer les métaux vils en métaux nobles.

L'apathie doit devenir le « pathos » ; la sympathie doit se changer en empathie, les détails en concepts, l'illusion en réalité, la loyauté ethnique en Amour universel, la religiosité en véritable religion (au sens essentiel du mot), la colère en patience ; le foyer d'attention extérieur doit se diriger vers l'intérieur (au début) ; la sécurité temporelle doit devenir une confiance en soi permanente, l'orgueil se transformer en humilité et le rustre devenir demi-dieu !

L'ego est le principal produit de l'évolution biologique. Si l'homme n'était qu'animal, l'ego, le rustre, suffirait. La vie aurait été aussi simple pour Adam que pour tous ses prédécesseurs quasi humains, mais pour le vrai « Je suis », l'ego n'est que le déguisement cachant sa divinité, un déguisement intelligent et rusé dont le but est de tester la force du psi afin qu'il revienne du jardin d'enfants de la Terre plus sage et plus efficace dans le courant de la vie éternelle.

Depuis plusieurs décennies, l'ego biologique de l'homme essaie de lui faire croire que Dieu est mort. De fait, la divinité est morte dans le rustre qui ne cherche rien d'autre que son plaisir, qui n'est qu'un consommateur, un idolâtre de la richesse matérielle (peut-être pas entièrement mort, mais subissant une lente strangulation).

Chaque être humain a la capacité de distinguer et de raisonner. Ayant le libre arbitre et une porte ouverte sur la sagesse par le pouvoir des rêves, il peut décider de suivre soit la partie physique de son identité (ex. : œil pour œil, dent pour dent) soit les aspects supérieurs et divins de son identité véritable. Votre valeur fondamentale ne repose pas sur ce que vous faites ou ce que vous avez, mais sur qui vous êtes.

Il est vrai que les exigences spirituelles sont généralement négligées, jusqu'à ce que les besoins biologiques et économiques immédiats soient comblés. Mais c'est être rustre que de se satisfaire de sa condition de rustre. Le demi-dieu vit au plus profond de soi, comme le fruit sous la pelure. Le pouvoir des rêves, c'est d'enlever les pelures du rustre pour révéler le demi-dieu.

Thomas Carlyle l'a dit de façon admirable : « Il est de la terre, mais ses pensées sont avec les étoiles. Vains et minables sont ses besoins et ses envies ; pourtant, ils servent une âme exaltée par des buts grands et glorieux, par des désirs immortels, par des pensées qui parcourent les cieux et qui se promènent à travers l'éternité. Pygmée, debout sur le sommet de cette petite planète, son esprit grandiose tend vers l'infini... et là seul, il trouve le repos. »

Et là seulement, il découvre le vrai « JE SUIS ».

On parle souvent maintenant de refaire l'environnement. L'aspect rustre, venant de la nature, n'a pas la capacité de refaire quoi que ce soit. Une richesse illimitée d'énergie émotive et de ressources financières se déversent quotidiennement dans différents projets. Chaque fois pourtant, des conflits égocentriques anéantissent toute cette dépense d'énergie positive. La seule façon d'améliorer l'environnement, c'est que chaque individu entreprenne le voyage intérieur par le pouvoir des rêves. Qu'il examine son propre environnement psi avant d'essayer de changer les situations extérieures.

Le premier pas est de s'identifier à la nature comme une mère vivement intéressée. Prenez seulement une cuillère de bonne terre et découvrez les millions de bactéries essentielles qu'elle contient avant de planifier vos villes et vos grands-routes. Car la terre se meurt, avant même de perdre sa flore et sa faune, parce qu'elle perd ses bactéries. On doit à tout prix les conserver.

Essayez de faire comme Spinoza et regardez les choses d'une perspective divine. Si vous faites un effort réel avec persévérance, le pouvoir des rêves peut vous donner cette perspective. Il peut vous transformer en rêveur pragmatique comme Gandhi qui a réalisé ses rêves dans la grande révolution pacifique en Inde.

Le pouvoir des rêves, c'est le pouvoir d'être ÉVEILLÉ et c'est la clé du développement progressif de toute entreprise humaine. Il s'agit de mettre en pratique la sagesse qu'on recueille, d'abord en petites rigoles, puis en torrents.

Viendra le jour où tous les hommes qui auront acquis le pouvoir des rêves seront ÉVEILLÉS et l'autorité sera remise à la grande masse unie de l'humanité.

La prière que nous avons si souvent répétée sera exaucée. N'entendez-vous pas Sa réponse?

« Le Royaume est à vous : Pouvoir et Gloire sont à vous, ô Mes héritiers de la Terre. Mon cœur désire ardemment vous le donner, lorsque vous pourrez comprendre. Je l'ai conçu pour qu'il soit *votre* royaume céleste pour l'éternité. Amen.

LEXIQUE
de certains termes utilisés
dans ce livre

Armaggedon :
victoire de l'homme sur lui-même.

Cerveau-ordinateur :
ou préconscient; ne fonctionne comme un ordinateur qu'avec des données enregistrées (input); on
trouvera aussi « ordinateur cérébral ».

Concept :
idée abstraite et générale du niveau de l'esprit.

Conscience :
sentiment que chacun a de son existence et de ses
actes. Dans son sens psychologique, la conscience se
développe avec la mémoire et le retour sur soi-
même.

Conscient :
l'un des trois éléments de la personnalité humaine.
Il est l'identité, ou « ID », ou « Je suis » (cf. tableau
de la personnalité humaine dans *L'homme nouveau*,
chap. 1).

Ego :

un des trois éléments de la personnalité humaine, il est la force motrice de l'identité. Il dispose d'une très grande énergie orientée vers les centres d'intérêt de l'identité. Il est le serviteur sélectif (cf. tableau de la personnalité humaine dans *L'homme nouveau*, chap. 1).

Émotion,
émotif,
émotivement :

traduction des mots anglais « feeling » et « emotion » ; inclut toute la gamme des sentiments et des sensations.

Empathie :

projection de sa propre personnalité dans la personnalité d'un autre pour mieux le comprendre, basée sur des considérations universelles, pour le bien du plus grand nombre et sans réserve.

Engramme :

trace laissée dans le cerveau par un événement du passé individuel.

Esprit :

est utilisé en français et dans le texte dans plusieurs sens ; dans un premier sens, il traduit le terme anglais « mind » et désigne « la réalité pensante, le principe pensant en général, opposé à l'objet de pensée, à la matière ». — Dict. *Robert.*
Dans un deuxième sens, il veut dire « être immatériel, incorporel ». — Dict. *Robert.*
Et enfin il sert à désigner l'Esprit ou Dieu.

Esprit conscient :

synonyme de conscient.

Feed-back:

terme anglais utilisé en cybernétique et signifiant «action de contrôle en retour, ou rétroaction». Dans le texte, il a le sens d'«échange réciproque, d'expériences apportant un enrichissement ou une amélioration mutuels».

Inconscient:

tout ce qui échappe entièrement à la conscience, même quand le sujet cherche à le percevoir et à y appliquer son attention. Son existence est cependant prouvée par la mémoire et l'habitude.

Input:

terme d'informatique signifiant: information fournie à l'ordinateur. Dans le texte: information fournie au cerveau.

Keph-a-Râ:

prêtre — scribe de la reine Hastshepshout dans l'Égypte ancienne. Sa biographie est le sujet de l'un des ouvrages de cette collection.

Loliad-R-Kahn:

le guide de l'auteur; métaphysicien de l'époque de l'Atlantide. Son histoire est le sujet de l'un des livres de cette collection.

Ordinateur cérébral:

voir cerveau-ordinateur.

Output:

terme d'informatique signifiant: information donnée par l'ordinateur. Dans le texte: information donnée par le cerveau.

Perception consciente:

mécanisme de concentration et d'orientation de la conscience, qui fait que l'on portera cette dernière sur telle ou telle chose. Elle est la capacité de percevoir consciemment tel ou tel aspect de la réalité, ou sa globalité.

Préconscient:

traduction du mot anglais « preconscious ». C'est, dans le texte, la mémoire totale de tout ce qui a été enregistré par le cerveau depuis la naissance.

Programmation:

tout ce qui a été inscrit dans la mémoire de l'ordinateur, ou préconscient, par les différentes formes d'éducation: famille, église, société, ainsi que par le résultat des expériences vécues.

Psientifique:

néologisme signifiant dans le texte: scientifique qui a la conscience universelle ou personne engagée dans le domaine de la science-psi.

Psi-manquant:

phénomène au cours duquel le psi semble être absent de la personnalité que l'ego dirige par imitation du psi.

Psionnier:

personne engagée dans l'avancement de la science-psi.

Psychique:

nom: personne douée de perception et/ou de pouvoirs extra-sensoriels: télépathie, télékinésie, voyance, communication avec d'autres dimensions, perceptions variées, etc.

Science-psi:

science qui a trait à tout ce qui concerne le développement de la personnalité et de la psyché ainsi que tout ce qui concerne leurs relations avec l'univers.

Sensible :
terme synonyme de « psychique ».

Signe de l'homme nouveau :
Symbole d'I AM — Institut de Métaphysique appliquée, illustrant la double nature de l'homme. L'homme (l'aspect physique) a ses pieds bien plantés sur le sol, symbole d'une attitude sensée envers les réalités terrestres. Ses bras élevés indiquent un esprit ouvert et curieux qui se porte sans préjugés vers les idées nouvelles. Ses yeux sont tournés vers les étoiles. Autour de l'homme physique, des vibrations d'énergie rayonnante, des ondulations toujours grandissantes, montrent l'aspect intangible de l'homme, son psi et son union avec l'univers vivant.

Superego :
le troisième élément de la personnalité. C'est la conscience morale programmée par l'éducation (cf. tableau de la personnalité humaine dans *L'homme nouveau*, chap. 1).

Supraconscient :
l'aspect spirituel de la personnalité (ou psi).

Supranormal :
(phénomène) qui, à l'heure actuelle, ne peut pas être expliqué par la science.

Sympathie :
similitude de sentiments, basée sur une préférence individuelle reposant sur la programmation.

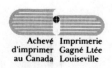

Achevé   Imprimerie
d'imprimer Gagné Ltée
au Canada Louiseville